외국어와 문화의 소통 교육

-문화를 목소리로 가르칠 때-

정우향 (Jung, Woo-Hyang)

• 프랑스 Rouen 대학교 불어교육학과 석사.
• 서울대학교 사범대학 불어교육학과 박사.
• 전) 서강대학교 한국학 센터 강의, 단국대학교, 인하대학교,
    서울교육대학교, 서강대학교 강의.
• 현) 서울대학교, 한양대학교 강의.

저서
•『바흐친의 대화주의와 외국어 읽기 교육』(2011)
•『소통의 외로움』(2013)
•『너와의 시간, 당신과의 시간』(2014)

논문
•「'문화언어'와 '도구언어' 개념을 통한 한국 불어교육의 방향 모색」(2014)
•「'학습번역'과 한국 대학의 FLE 교육」(2015)
•「한국의 외국어 교육 담론과 인문학」(2015) 외 다수.

외국어와 문화의 소통 교육
-문화를 목소리로 가르칠 때-

초판 인쇄   2016년 4월 20일
초판 발행   2016년 4월 25일

지 은 이 ┃ 정우향
펴 낸 이 ┃ 박찬익
편 집 장 ┃ 권이준
책임편집 ┃ 강지영
펴 낸 곳 ┃ ㈜박이정
주   소 ┃ 서울시 동대문구 천호대로 16가길 4
전   화 ┃ 02) 922-1192~3
팩   스 ┃ 02) 928-4683
홈페이지 ┃ www.pjbook.com
이 메 일 ┃ pijbook@naver.com
등   록 ┃ 2014년 8월 22일 제305-2014-000028호

ISBN   979-11-5848-129-2 (93370)

* 책값은 뒤표지에 있습니다.

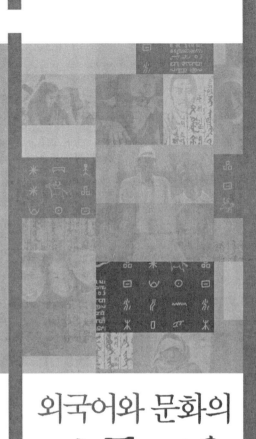

문화를 목소리로
가르칠 때

외국어와 문화의
소통 교육

정우향

(주)박이정

  언어를 공부하고 가르치는 연구자이자 교육자로 살아오면서 늘
나의 마음 한구석에는 '외국어와 문화는 목소리로 가르쳐야 하지
않은가'하는 생각이 떠나지를 않았다. 여기서 '목소리'란 외국어와
문화에 대한 지식을 주입하는 언어 교사의 목소리가 아니라 그 외국
어를 모국어로 하는 각계각층의 다양한 사람들의 목소리를 뜻한다.
정보가 넘쳐나는 세상이다. 한국에서 외국어를 배우는 학생들은 원하
기만 하면 해당 외국어가 사용되는 문화권에 대한 수많은 정보를
인터넷을 활용해 검색어 하나 넣으면서 얻을 수 있다. 대학의 외국어
교육이 문학 작품들을 통해서 이루어져 왔던 시대를 지나 일상 문화
에 대한 이해 욕구와 관심이 증가하면서, 외국어 교육에서 '문화
교육'은 중요한 주제가 되었다. 문화가 문학 작품의 강독에서 다루는
범위를 넘어설 때, '어떤 문화'를 외국어와 함께 가르쳐야 하는가는
교육자의 선택의 몫이 된다. 나는 외국어 교육자로서 늘 관광객의
시선으로 그치는 문화 교육은 안 된다는 생각을 했다. 예를 들어
프랑스는 와인이나 치즈가 유명하다. 그렇다고 대학 강의실에서 와인
이나 치즈에 대한 정보를 모아 영상을 보고 프랑스어 텍스트를 읽거
나 말하는 연습을 하는 식이어선 곤란하지 않겠는가. 그것을 왜 대학
에서 특별히 배울 필요가 있겠는가. 그것도 프랑스어 때문에 골치
아프면서. 그렇게 배운 프랑스어나 프랑스 와인이나 치즈는 모두

같이 학생들의 머릿속에서 증발되지 않겠는가. 결국 언어도 문화도 남지 않는 것이다.

결론적으로 피상적으로 이국적인 문화적 내용을 학생들에게 최대한 많이 가르쳐서 외국어와 문화에 대한 호기심을 유발하는 것은 포기할 필요가 있다. 배움 이 후의 삶에 어떤 식으로든 영향력이 없는 교육은 이제 인터넷의 시대에는 더욱 의미가 없어졌다. 문화에 관한 정보의 양은 평생 동안 자율 학습자로 살아갈 학생들에게 맡기고, 우리는 학생들이 외국어를 배우면서 해당 외국어를 모국어로 말하며 살아가는 다양한 사람들의 목소리를 듣는 방법을 배우게 해야 한다. 목소리를 듣는다는 것은 말한 사람, 글을 쓴 사람과 '소통(communication)'하는 것이다. 소통하려면 일차적으로 그 언어를 알아야 되지만 소통은 훨씬 복잡 미묘한 무언가가 오고가는 과정이라 우리는 단어 하나 못 알아들어도 눈빛과 미소 하나만으로 마음이 화악 열리기도 하고, 반대로 모든 단어와 문장을 이해했어도 상대방의 마음과 비켜가는 대답을 하게 되기도 한다. 모국어 화자 사이에서도 어려운 소통을 외국어로 외국인 화자들과 한다는 것은 얼마나 어려울까. 이 지점에서 외국어 교육에서 다루어야 할 문화 교육의 모습이 드러난다. 바로 '소통 교육'이다. 문화적 기반이 나와 다른 타인과의 소통 능력, 이해 및 공감 능력이다. 외국어로 소통하는 것을 배우면서, 타인과 그의 낯선 문화에 대해 마음을 열면서, 우리는 우리 모국어와 모국 문화에 대해서도 '눈'을 뜰 수 있다. 이것은 외국어를 배우고 가르치면서 더욱 한국어나 한국 문화의 모습들을 살피게 된 나의 개인적 체험으로부터 나온 확신이지만, 수많은 외국어 교육자들이나 열렬한 외국어 학습자들도 공통적으로 지적하는 사항이다. 이 책에서 필자의 전공인 프랑스어의 예문뿐만 아니라 외국어로서의 한국어나 영어 교육과 관련된 예문들이 인용된 이유도 특정 외국어에 상관없이 외국어와 외국 문화를 배운다는 것, 그것이 의미하는 이러한 풍요로움들에 대해서 말하고 싶었기 때문이다.

나는 이 책을 서강대학교 한국학 센터(現 한국어 교육원)의 기초를 만드신 김성희 선생님을 생각하며 쓰기 시작하였다. 책을 마친 지금은 이 땅의 김성희들에게 이 책을 바친다. 2015년 가을, 암 투병 중이었던 그녀는 몸이 조금 나아지면 얼굴을 보자는 약속을 하였다. 나는 전화를 끊으며 눈물을 참으며, 그 순간, 오랫동안 구상해왔던 이 책을 쓸 결심을 하였다. 겉으로는 한없이 온유하며 따뜻하나 강한 영혼의 힘을 지닌 그녀가 암을 이기고 다시 한국어 교육자로서 복귀하기를 간절히 응원하면서 그녀의 이름을 내 책에서나마, 내 책을 읽을 미래의 교육자, 연구자들에게 말하고 싶었기 때문이다. 안 그러면 허무하였다. 나는 아직은 모든 것이 무상함을 아는 수도자의 마음을 알지 못한다. 김성희 선생님이 이렇게 일찍 아프신 것은 너무

억울한 거 같았다. 온갖 고생을 한 홀어머니가 아들 잘되는 것도 못보고 이제 좀 살만하니 병석에 누운 그런 '恨'이 헌신적인 한국어 교육자로서 김성희 선생님의 삶과 유사한 듯 싶었다. 그래서 자신을 드러내는 것은 조금도 못하시던 그녀를 대신해 나라도 어디엔가 꼭 기록하고 싶었다. '한국어 교육자 김성희'에 대해서.

외국인에게 한국어를 가르치는 교육자로서 김성희 선생님은 아직 연구자로서도 교육자로서도 초년병이었던 20대의 내게 사람을 다루고 가르치는 모든 것은 '헌신(獻身)'이어야 함을 보여주신 분이다. 45킬로도 안 되는 가녀린 체구로 주말도 없이 퇴근 시간도 없이 서강대학교 한국학 센터에서 일하던 그녀의 뒷모습이 아직도 아른거린다. 그녀는 아직 초창기에 있던 한국어 교육을 위해 1990-2015년까지 헌신하여 훌륭한 한국어 교육기관의 기초를 만들었고 교재들을 집필하였다. 자기 자신을 위해서는 아무것도 못하던 바보였던 그녀를 그녀가 사랑하였던 하나님은 가장 귀하게 여기시리라. 이런 바보 같은 교육자들로 인해 그나마 선한 교육, 선한 인재들이 만들어져 이 땅 구석구석은 선(善)을 위해 싸우리라.

2016년 4월 1일
정우향

Ⅳ. 의사소통의 내용과 문화

Ⅴ. 외국어와 외국 문화 이해 교육: '개인과 집단의 정체성 읽기'

VI. 결론: 문화 속에서, 문화를 넘어서

Ⅰ. 문화란 무엇인가

외국어와 외국 문화를 가르치는 외국어 교육은 영어나 중국어, 일본어, 프랑스어라는 개별 외국어의 특성에 앞서 한국인 학습자들에게는 모국어인 한국어나 한국 문화와 다른 타 언어와 타 문화를 배우는 과정이다. 외국어를 단기간에 효과적으로 습득하는 기술적 방법론에 대한 논의는 교수법 이론이나 현장의 경험을 통해서 풍부하게 이루어지고 있는 것 같다. 그러나 개별 외국어 교육에서 함께 이루어지는 외국어 학습을 통한 문화 교육에 대한 논의는 불충분하다. 외국어 학습은 나와 다른 언어와 문화에 속한 타자와의 소통을 배우는 과정이다. 소쉬르에서 시작하여 촘스키로 대변되는 근대 언어학에서 상정하였던 언어관을 탈피하기 시작한 1970년대부터, 1980년대 이후 의사소통적 접근법과 함께 '의사소통 능력의 신장'이라는 외국어 교육의 절대명제는 연구자나 현장의 교수자들에게 문화 교육의 중요성을 인식하게 만들었다. 그러나 '문화'라는 개념의 총체적인 특성 속에서 어떤 문화를 가르쳐야 하며 어떻게 가르쳐야 하는가에 대한 외국어 교육학자들의 고민은 지속되고 있다. 우리는 이러한 문제의식 속에서 외국어 교육과 문화 교육의 문제를 성찰해보고자 한다. 외국어 교육에서 동시에 이루어져야 할 문화 교육은 타 학문 분야와는 어떻게 다른지, 그러기 위해서 외국어 교육에서 '문화'라는 복합적인 개념은 어떻게 재정의 되어야 하는지 알아보도록 한다.

1.1. '문화'의 일반적 정의

'문화(文化, culture)'라는 단어는 평소 우리의 언어생활에서 매우 포괄적으로 사용된다. 전통적으로 가장 많이 인용되는 '문화'에 대한 정의는 문화 인류학자인 테일러의 정의이다. 테일러에 따르면 '문화'란 사회의 구성원으로서 인간이 획득한 모든 지식과 신앙, 예술, 도덕, 법률, 관습 등에 대한 능력과 습관의 복합체이며, 인간의 유형화된 생활양식이다.[1] 국어사전에 따르면 '문화'는 첫째, '인지(仁智)가 깨어 세상이 열리고 생활이 보다 편리하게 되는 일'을 지칭하며 둘째로는 '철학에서 진리를 구하고 끊임없이 진보, 향상하려는 인간의 정신적 활동, 또 그에 따른 정신적·물질적 성과를 이르는 말(학문, 예술, 종교, 도덕 따위)'을 뜻한다.[2] 이러한 사전적 정의에도 우리말에서 사용되는 '문화' 개념의 총체성은 나타나고 있다. 즉 '문화'는 동물의 집단생활과는 구분되는 문명화된 인류의 '생활양식'이며, 인간들이 구축해 온 '사회 제도와 법률, 문물'이다.

프랑스어에서 '문화(culture)'의 첫 번째 정의는 '밭을 경작(cultiver)'하는 행위로 설명되고 있다. 두 번째는 '특정 문명이 보유하는 지적인 특성의 총체'로서, 세 번째로는 '자연(nature)'이라는 단어가 포함하는 개념과 반대되는 개념으로서 '문화'의 뜻을 정의하고 있다.[3] 즉 프랑스어에서도 '문화'라는 단어는 특정 공동체를 다른 공동체와 구별시켜 주는 관습이나 교양과 같은 총체적 특성을 뜻하며, 좀 더

---

1) 배재원(2014), 『한국어 교육에서의 한국문화 교육』, 혜안, p. 31.
2) 이기문 감수(1994), 『새 국어사전』, 동아출판사, p. 753.
3) Rey-Debove, J.(1985), Le Robert méthodique, Larousse, p. 338.

포괄적으로는 유전적 특성이나 생존 본능처럼 태어나면서부터 생득적으로 주어지는 것이 아니라 '학습'되고 '보존(conserver)'되며 '전승(transmettre)'되는 지식과 정보, 행위들의 총합을 의미하고 있다.

이와 같이 '문화'라는 용어는 우리의 일상 언어생활에서도 인간 삶의 전반을 아우르는 물질과 정신, 제도와 문물, 사상 분야를 포괄하는 복합적인 개념으로 사용된다. 외국어 교육을 위해 우리가 주목해야 할 것은 오히려 '문화'라는 용어가 포함하는 다양한 의미들을 규정하려고 하는 것이 아니라, '문화'라는 용어 속에 공통적으로 포함하고 있는 특성들이다. 첫째로 프랑스어 사전에서 정의하고 있는 것처럼, '문화'는 '자연'과는 반대되는 특성을 지녔다는 점이다. 또한 '문화'는 공동체가 역사를 통하여 보유하고 축적해 온 것이며, '문화'는 유전이 아닌 학습과 교육을 통해서 획득되고 전승된다는 점이다. 특히 '한국 문화'와 '프랑스 문화'와 같은 복합어 속에서 사용될 때 '나'의 공동체와 '너'의 공동체를 구별하게 해주는 특성을 지칭한다는 점이다. 이와 같은 '문화'의 일반적인 개념과 특성을 고려해 볼 때, 성인이 되어 새로운 외국어를 배우는 경우, 목표어의 문화가 체계적인 목표아래서 교수/학습의 대상이 되어야 함은 자명해 보인다.

1.2. '문화'의 특수한 정의: 개별 학문 분과의 정의

이번 절에서는 '문화'를 주요한 연구 주제로 상정하는 각 학문 분야에서 '문화'의 개념과 특성들을 어떻게 정의하고 있는지 살펴보고자 한다. 외국어 교육의 틀 안에서 '문화' 개념을 재정의하고 언어교육적으로 가치가 높은 문화 교육의 목표와 내용을 선정하기 위해서는 타 학문 분야가 고민해온 '문화' 연구들의 방향을 성찰해보는 것이 선결되어야 한다.

1) 역사학

역사학은 인류의 역사(歷史), '인간 사회가 거쳐 온 변화의 모습, 그 기록'을 연구 대상으로 한다. 그런데 종종 역사학자들은 '문화사(文化史)'라는 명칭 하에 특정 시기, 특정 공동체의 문화의 역사를 기록한다. '문화사'는 사전적 정의에 따르면 '인류의 정신, 사회적 활동의 역사'이다. 곧 '종교, 과학, 예술, 법률, 경제'등의 변천을 사회 문화 요소로서 연관시켜 기록한 역사이다.[4] 이러한 정의를 보면 '문화사'는 전쟁이나 정치 분야를 제외한 역사가가 관심을 갖는 특정 시기, 특정 사회의 포괄적인 모습을 기록한다. 유럽의 문화사를 집필한 리트베르헨에 따르면 '유럽'은 지구상 가장 큰 땅덩어리인 유라시아 대륙의 서쪽 끝 부분이라는 지리상 명확하게 획정되는 개념을 넘어 '정치적이고 문화적인 개념'인데, 이 때 '유럽'은 하나의 '문명', 하나의 '문화'이며 '스스로 고유한 특질을 간직한 단일체'로 제시된

---

4) 이기문 감수(1994), 『새 국어사전』, 동아출판사, p. 753.

다. 그에게 유럽의 역사를 기술하는 것은 그 스스로가 문화적 개념인 '유럽의 문화사'를 기술하는 것이며, 역사가의 관점과 선택에 기반하는 과정이 된다. 따라서 '유럽 문화사'는 유럽의 예술이나 문학, 음악의 역사를 다루는 것을 넘어 역사가가 기술하고자 하는 해당 시기, 지역의 가치관과 사상, 이데올로기, 종교, 교육과 경제, 사회와 정치 제도 전반을 포괄한다. 실로 '문화사'라는 명칭 하에 역사가는 자신이 한정한 시기와 지역의 '행동양식과 제도, 인간과 사회를 바라보는 방식들, 그들이 만든 물건들'까지 다룬다.[5] 리트베르헨이 다루는 문화사는 결국 '인간이 자연과 자신이 살고 있는 사회를 다루며 발현된 실제 현상들'을 보고하고자 하며 이렇게 확장된 범위의 '문화사'는 우리가 사용하는 '역사'와 거의 동의어가 된다. '문화'라는 개념의 광범위함은 역사학 분야에서 '문화사'라는 명칭 속에도 반영되어, '문화사'라는 용어의 개념 역시 역사가가 취하는 관점과 선택의 문제로 남게 된다.

2) 사회학

사회학은 사회관계의 여러 현상들과 사회 조직의 원리와 변혁, 역사에 관심을 갖는다. 사회학은 한 사회의 구조와 특성을 탐구하면서 특정 공동체와 다른 공동체를 구별시키는 특성(distinction)과 '차이를 만드는 능력(la capacité de faire des différences)'으로서의 '문화'의 속성에 주목한다.[6] 현대 사회학 분야에서 채택하고 있는 '문화'에

---

5) 김길중 역(2003), 페이터 리트베르헨 저, 『유럽 문화사 상』, 지와 사랑, p. 24.
6) Cuq, J-P et al(2003), *Dictionnaire de didactique du français*, Nathan, p. 63.

대한 관점을 이해하기 위해서는 프랑스의 사회학자 부르디외의 '아비투스' 개념과 '문화 자본' 개념을 살펴볼 필요가 있다.

먼저 아비투스(habitus)란 동일한 집단이나 계급 구성원들에게 공통적인 인지, 개념, 행위의 도식을 말한다. 부르디외의 설명에 따르면 원래 아비투스는 아리스토텔레스의 '습관(habitude)'이란 개념과 유사하다. 아리스토텔레스에게 습관이란 에토스(ethos)와 헥시스(hexis)로 구분되는데 전자는 습관의 반복에서 나온 기계적인 행위를 지칭한다면, 후자는 특정한 도덕규범에 상응하는 개인적인 행동과 관련이 있다. 부르디외의 아비투스 개념은 아리스토텔레스의 습관 개념 중, 헥시스와 밀접한 관련을 갖는다. 즉 아비투스는 계급의 관행을 재생산하는 '사회행위들의 발생원칙(principe générateur)'이며 '분류화의 체계(système de classement)'이다.[7] 부르디외에 따르면 아비투스는 의복이나 음식, 문학, 음악 등에 관한 우리의 취향과 선호도를 결정짓고 통제하는 것으로서, 우연히 만들어지는 것이 아니라 한 개인이 가정환경이나 학교 교육 등 사회화 과정을 거치는 동안에 서서히 구성되고 획득되는 것이다. 따라서 아비투스는 의식이나 언어보다 더 근본적이며, 영구적이면서 변동 가능한 성향 체계로서 전승된다.[8] 원래 아비투스는 주관적인 개인의 성향체계를 지칭하지만, 아비투스의 생성과 작동방식은 개인의 점유하는 사회적 계급에 따라 결정되는 것이므로, 아비투스는 같은 집단이나 계급 구성원들에 공통적인 인지와 행위의 도식이라는 특성을 가진다. 부르디외는 아비투스를 개념화하면서 음식물을 섭취하는 취향부터 의복이나 예술품에

---

7) 홍성민(2014), 『문화와 아비투스』, 나남출판, p. 25.
8) 홍성민(2014), 같은 책, p. 309.

대한 기호까지 주관적인 것처럼 보이는 개인의 취향이나 선택과 행위를 매개하는 것은 사회 구조와 계급적인 정체성과 관련이 있음을 설명한다.[9] 예를 들어 부르주아와 프롤레타리아에게 '음식물의 섭취'는 다른 의미를 지닌다. 부르주아 계급에게는 음식물의 섭취가 노동력의 재생산이라는 기능보다는 자신의 육체에 대한 미적 감각과 연결되는 반면에 프롤레타리아 계급 구성원들에게는 노동력 생산을 위한 기능적인 효율성이 중시된다. 이런 점에서 아비투스는 일상생활에서 관찰할 수 있는 계급에 따른 행위 양태로서 이해될 수 있다.

두 번째로 문화 자본(capital culturel)이란 사회적으로 물려받은 계급적 배경에 의해 자연스럽게 형성된 지속적인 문화적 취향을 의미한다. 부르디외는 한 공동체의 지배적인 권력 관계는 정치적, 경제적 자원의 불평등한 분배를 통해서뿐만 아니라 여러 가지 형태의 상징적 자원의 불평등한 분배를 통해 정당화되고 재생산된다고 보았다. 부르디외는 이러한 상징적 자원의 핵심 부분을 문화 자본이라고 부른다. 문화 자본은 문자 능력, 교육의 접근권, 문화 예술 생산물의 향유 능력 등 다양한 요소로 구성되어 있다. 예를 들어 서양의 역사에서 '문자 언어'의 해독 능력은 오랫동안 지식인이나 지배 계급만이 소유할 수 있었던 대표적인 문화 자본이었다고 할 수 있다. 11세기 말부터 14세기에 대학[10]이 설립되면서 학교를 통한 읽기 교육이 본격화되고,

---

9) 부르디외에 따르면 "사회적 정체성과 계급적 단위를 결정하는 가장 기본적인 원리는 문화적 무의식과 깊숙이 연계"되어 있다. 홍성민은 문화를 작동시키는 상징체계는 종교, 예술, 이데올로기나 과학, 상식 등의 형태로 드러나게 되는데 "개인의 무의식은 이와 같은 문화적 매개를 통해 사회적인 수준으로 통합되며, 이것은 동시에 개인의 무의식 안에는 이미 사회적 재생산의 메커니즘이 존재함을 의미"한다고 설명하고 있다. 이와 같은 맥락에서 '사회적 무의식'이란 모순된 표현도 가능해진다. 홍성민(2014), 같은 책, pp. 300-302.

1440년에 Gutenberg의 인쇄술이 발명되면서 텍스트의 대량 생산과 유통이 가능해지고 일상생활 속에서 문자로 씌어진 문서나 책들을 접할 기회가 증가하게 되기까지 지식인이나 성직자, 특권 계층을 제외한 서민 계층들에게 문자언어는 음성 언어와는 다른 형식의 기호일 뿐만 아니라 외국어처럼 다른 언어로서 인식되었다. 그것은 대부분의 텍스트들이 민중들이 일상에서 말하는 통속어가 아니라 라틴어로 씌어졌기 때문이다.[11] 이와 같은 '문화 자본'의 소유 여부는 해당 계급 구성원들의 행위 양식을 만들고, 나아가 사회구조 안에 벌어지는 차별을 고착화하는 기능을 한다.

요약하면, '아비투스'나 '문화 자본'의 개념에서 알 수 있듯이 부르디외로 대표되는 프랑스 현대 사회학 연구에서 '문화'는 지배 계급과 피 지배 계급간의 구별과 이념적 지배를 가능케 하는 상징적 권력으로서, 정신적인 산물이지만 자본의 형태를 가진 것으로 간주된다. 특히 문화적 산물을 향유하는 사회 집단과 계층들은 고급문화를 지적이며 영속적인 가치를 지닌 것으로 간주하면서 지적으로 열등하고 일시적인 특성을 지닌 대중문화와의 구별을 시도한다. 이러한 관점에서 문화란 학력과 혈통에서 축적되고 상당 부분 전승되는 자산이라는 속성을 지닌다. 특히 지배 계급이 문화 자본을 소유한 고급문화를 향유하는 사회적 집단과 계층의 사회적 경제적 차이를 인간의 보편적 능력과 지위의 차이로 전이시키려고 할 때, 인간의 문화적 행위는 사회의 위계적 질서를 유지하고 강화시키는 권력의 기제가 된다.

---

10) 1150년에 파리 대학이 창립되고 1170년에 옥스퍼드 대학이, 1226년에는 케임브리지 대학이 창립 된다. 민석홍 외(2005), 『서양 문화사』, 서울대학교 출판부.

11) Richaudeau, F.(1992), *Sur la lecture,* Albin Michel Education, p. 17.

즉 부르디외와 같은 프랑스의 사회학자들의 관점에서 '문화'는 지배 계급이 자신들의 지배를 확고히 할 수 있는 '위계화 된 의미들의 체계'이다.[12] 이와 같이 문화는 교양인과 교양이 없는 개인을 대립시키고 각 사회 계급들 사이의 변별적인 격차를 유지하게 하는 기능을 하기 때문에 피지배 계급들에게 문화는 '하나의 투쟁 목표'가 된다. 사회학자들은 상징적 권력이자 자본의 속성을 지닌 '문화'의 특성에 주목하면서, 각 계급들이 자본을 점유하기 위해 투쟁하는 것과 같이 지배 계급이 지배를 합리화하고, 피지배 계급이 지배를 수락하게 만드는 메커니즘으로서 문화적 실천들을 분석하고자 한다.[13]

3) 문화 이론

'문화 이론' 분야는 전통적으로 '고급 문화'라고 분류되었던 문화적 산물들이 아닌 영화나 만화, 텔레비전 프로그램들, 대중 가요, 광고물 등과 같은 '대중 문화'를 문화 연구를 위한 텍스트들로 삼는다. '이데올로기'나 '헤게모니' 등과 같이 문화 이론에서 중요시되는 개념적 범주들의 의미를 살펴보면, 문화 이론 분야에서 관심을 갖는 '문화'란 무엇인지 알 수 있다.

예를 들어 '이데올로기'란 첫째, 특정 집단을 통해 드러나는 조직적인 사고 체계를 의미한다. '부르주아 이데올로기, 노동자의 이데올로기'라는 말이 사용될 때의 의미이다. 둘째, 이데올로기는 현실을 은폐하고 왜곡시키는 관념으로 주로 지배 집단이 약자들에게 가하는 착취

---

12) 문경자 역(1997), 존 스토리 저,『부르디외 사회학 입문』, 동문선, p. 108.
13) 문경자 역(1997), 같은 책, p. 1.

나 억압의 실체를 은폐시키는 기능을 한다. '자본주의 이데올로기'라고 사용될 때의 의미로서, 고전적 마르크스주의에서 언급된 '사회의 경제적 토대의 권력 관계를 보여주는 상부구조의 반영이나 표현'으로서 이데올로기의 개념을 설정한다. 셋째로는 이데올로기는 '이데올로기적 형식들(ideological forms)'을 가리키는 용어로 사용된다. 이러한 관점에서 이데올로기는 문화 이론이 다루는 텍스트들(텔레비전, 소설, 영화, 대중 가요 등)이 그것을 향유하는 대중들에게 특별한 시각으로 세상을 보도록 하는 의미 작용을 일으키는 기능을 한다. 네 번째로 '이데올로기'는 사회 지배계급의 가치와 이득을 증진시키고 유지시키는 사상과 실천 체계, 이러한 의미가 생산되고 순환되는 메커니즘 이다. 롤랑 바르트의『신화 Mythologies』(1973)는 이러한 관점에서 이데올로기와 대중문화를 연구한 가장 대표적인 저서라고 할 수 있다. 바르트는 대중문화를 읽는 기호학적 모델을 다음과 같이 제시하였다.

[표 1] 일차적 의미작용과 이차적 의미작용

일차적 의미작용(primary signification) 외연적 의미(denotation)	1. 기호(signifier) 2. 기의(signified)
	3. 기호(sign)
이차적 의미작용(secondary signification) 내포적 의미(connotation)	Ⅰ. 기호(signifier) Ⅱ. 기의(signified)
	Ⅲ. 기호(sign)

위의 표에 제시된 기호학적 방법론을 적용하면, 우리 주변의 대중문화 텍스트들은 일차적 의미 작용과 이차적 의미 작용으로 분석될

수 있다. 바르트의 관점에 따르면 대중들에게 의문 없이 소비되는 잡지 표지, 광고 포스터 하나에도 기표와 기의가 다층적으로 동반된 숨겨진 이데올로기가 작동되고 있다. 다음 바르트의 설명을 보면 문화 이론 분야가 텍스트를 바라보는 방식을 쉽게 이해하게 된다.

> 나는 이발소 의자에 앉아 있었고, 『파리 마치』 한 부가 내게 권해진다. 겉표지에 프랑스 군복을 입은 젊은 흑인이 눈을 치뜨고-아마도 삼색기의 줄을 향해-경례를 붙이고 있다. 이 모두가 이 그림의 의미이다. 그러나 내가 순진하든 아니든 이것이 내게 의미하는 바는 프랑스는 큰 제국이고 프랑스의 아들들은 그 피부색에 상관없이 프랑스 국기 아래서 충실히 복무한다는 것과 또 이 흑인 병사가 소위 '억압자'들에게 봉사하는 열정만으로도 식민주의라는 프랑스의 정책을 비난하는 자들에게 충분한 반격이 된다는 것이다. 그러므로 나는 더 큰 기호학적 체계와 직면한 것이다. 우선 기존의 체계로 형태 잡힌 기표가 있고(흑인병사의 프랑스식 경례), 기의가 있으며(프랑스주의와 군국주의의 의도적인 혼합), 그리고 마지막으로 기표를 통한 기의의 존재 그 자체가 있다.[14]

다섯 번째는 알튀세르가 정의한 것으로 이데올로기를 단순한 관념들의 집합이 아니라 물리적 행위로 보아야 한다는 것이다. 알튀세르와 같이 마르크스주의 계열의 문화 이론가는 우리가 일정한 의식이나 관습을 통해 어떻게 경제적이거나 정치적인 측면에서 부당한 사회질서 속에 얽매이게 되는지, 이때 '이데올로기적 행위들'은 자본주의

---

14) 박만준 역(2006), 존 스토리 저, 『대중문화와 문화이론』, 경문사, p. 219.

를 지속시키기 위한 경제적 상황과 사회적 관계를 어떻게 '재생산' 하는 역할을 담당하는지에 주목한다.

이와 같이 문화 연구에서는 의미를 생산하는 문화적 행위의 결과물 인 텍스트들을 분석한다. '이데올로기(idéologie)'나 '헤게모니 (hégémonie)'[15]개념을 통해서 알 수 있듯이 문화 연구자들의 분석의 주된 목적은 특정 집단 간의 이익과 권력관계에서 기인한 각축과 투쟁의 장으로서 문화적 텍스트들이 유포하는 의미와 가치들을 밝히 는 것이다. 오늘날 외국어 교육은 과거와는 다른 미디어 환경 속에서 진행되고 있으며 외국어 학습자들 또한 적극적인 대중문화의 향유자 들이다. 따라서 대중문화의 특성에 관한 문화이론 분야의 연구 성과 들은 언어 교육적으로 활용하게 되는 자료들을 분석하는데 참고해 볼 필요가 있다.[16]

4) 인류학

인류학(anthropologie)이란 명칭은 고대 그리스어에서 '인간'을 뜻 하는 'anthropos'와 '학문이나 이성'을 뜻하는 'logos'를 어원으로 해 서 만들어진 말이다. 어원이 의미하듯이 인류학은 한마디로 '인간의

---

15) '헤게모니'란 정치적 사회적 이데올로기 갈등과 문화적 주도권 경쟁 관계를 지칭하는 용어이다.

16) 윤여탁은 대중문화의 헤게모니론을 이론적 전제로 하여 언어교육 속에서 문화교육의 방향을 다음과 같이 제시한 바 있다. 첫째로 비판적, 창조적 사고 능력을 함양해야 하며, 둘째로 문화적 정체성을 확인을 하는 과정이 되어야 하며 셋째로 대중문화 수용의 이중성을 고려해야 하며, 넷째로 상호 문화능력을 함양하는 내용으로 활용할 수 있어야 한다는 것이다. 윤여탁(2014), 『문화교육이란 무엇인가』, 태학사, pp. 32-34.

연구'이다. 그러나 사회학은 '사회'라는 조직체 속의 인간을 연구하고 정치학은 의사결정 및 권력 관계의 측면에서 인간을 연구하듯이 인류학은 "인간과 동물17)의 포괄적인 연구이며 또한 시간과 공간을 초월하여 사회적 존재로서의 인간을 연구"한다.18) 따라서 인류학은 곧 문화의 연구이기도 하며, 그 방법론적인 측면에서 비교 문화적인 관점을 취한다.

인류학의 다양한 분과 중에서 사회문화인류학에서는 인간의 문화와 생활양식을 연구한다. 사회문화인류학은 크게 '민족학(ethnologie)' 과 '민족지학(ethnographie)'으로 나뉜다. 민족학은 인간의 행동 및 행동과 문화 간의 상호관계에 대한 이론을 수립하는 분야이다. 민족지학은 세계 각지의 민족들의 문화들을 기술하는 것을 목표로 하며, 전통적으로 산업화되지 않은 비서구 사회의 원주민들의 행동 양태들을 연구해왔다. 그러나 2차 세계대전 후에는 미국의 도시 문화나 산업화된 유럽 문화 역시 민족지학의 연구 대상으로 확장되었다.

인류학자들 사이에서조차 '문화'의 정의는 다음과 같이 매우 다양하다.

---

17) 여기서 '동물'까지 포함된 까닭은 인류학의 주요 분과 중에 형질인류학에서는 인간 이외의 영장류의 삶을 연구하면서 생물학적으로 인간과 가까운 영장류들이 구성하는 사회조직과 행동에 대해 연구하기 때문이다.
18) 한경구·임봉길 역(2006), 가바리노 원저 저, 『문화인류학의 역사』, 일조각, pp. 2-3.

- 인간의 신체 외적인 적응 수단
- 법률, 신앙 및 기타 물질적인 측면을 포함하는 환경의 인공부분
- 지식, 신앙, 예술, 도덕, 법률, 관습 그리고 사회 구성원으로서
  인간이 획득한 다른 모든 능력과 습관.
- 관습화된 이해의 조직
- 타고난 본능적인 행위와 대비되는 의미에서의 학습된 행위, 그
  리고 그러한 학습된 해위의 산물
- 공유된 관념과 사회적으로 유전된 관습과 믿음들의 집합체
  (Kroeber&Kluckhon:1952)[19]

위 정의를 보면 인류학에서 '문화'란 '자연'의 개념과 대립적으로 구성되는 것으로서 각 집단 구성원들의 사회화 과정을 통해서 획득되고 전수되는 유산이며, 집단의 구성원들에 의해서 공유되는 규범과 실천들의 총체이다. 기어츠에 따르면 문화는 "상징에 체현된 역사적으로 전달된 의미유형, 상징 형식-그것에 의해서 사람들이 생활에 관한 지식과 태도를 전달하고 영속시키고, 발전시키는-에 표현된 세습된 개념의 체계"이다.[20] 이와 같은 정의들을 보면, 인류학자들이 인간과 문화를 탐구할 때, 공동체가 축적하고 있는 언어와 의사소통 체계들과 같은 주제가 중요하게 취급하는 이유를 알 수 있다. 인류학자들에 따르면 언어는 반드시 문화와 민족의 관습에 그 뿌리를 두고 있고, 언어 속에는 문화가 반영되어 있다. 예를 들어 의사소통의 민족지학(ethnographie de la communication)은 인류학자인 사피어나 보아

---

19) 한경구·임봉길 역(2006), 같은 책, pp. 73-74.
20) 배재원(2014), 『한국어 교육에서의 한국문화 교육』, 혜안, p. 31.

스의 영향을 받아 1960년대 초, 굼퍼즈와 하임즈를 중심으로 발전한 접근법으로서 언어학과 인류학의 관심사가 만나는 지점에서 연구 주제가 설정되고 있다.

의사소통의 민족지학에서는 우리의 언어 행위를 인류의 총체적인 행동 양식을 담고 있는 문화적 목록으로서 간주한다. 이 관점에서 언어는 약호가 아니라 언어 행위로서 존재한다. 의사소통의 민족지학은 원래 1962년 하임즈에 의해서 '말하기의 민족지학(ethnographie de la parole)'으로 제안되었으나 이후에 '의사소통의 민족지학'이란 명칭으로 바뀌게 되었다.21) 그 이유는 의사소통 민족지학의 관점에서 첫째로 우리의 의사소통은 언어적인 수단만이 아닌 동작이나 신체적 공간의 사용, 얼굴 표정과 자세 등 다른 복합적인 경로를 통해서 진행되는 것이기 때문이다. 둘째로 개인은 의사소통 행위를 통하여 한 사회 내의 지식 체계와 문화적 규범들 속에 편입되고 사회적 관계에 참여하게 되기 때문이다. 명칭의 변화를 통해서 알 수 있듯이 의사소통의 민족지학에 따르면, 의사소통하는 방법을 아는 것은 인류가 발전시켜온 가장 중요한 문화적 목록을 알게 되는 것과 같다. 따라서 의사소통 민족지학의 목적은 인간 언어의 사용을 사회와 문화적 문맥과의 연관 속에 기술하는 것이며, 한 사회 속에서 상호작용의 기초가 되는 의사소통의 전반적인 규범을 밝혀내는 것이다22). 따라서 인류학적 관점에서 언어를 연구하는 학자들은 참여 관찰을 기본 연구 방법론으로 하여 해당 언어공동체의 의사소통 행동양식들에 관한 자료들을 수집한다. 이와 같이 인류학은 '언어, 문화, 민족'이라는

---

21) 한국 사회언어학 학회 편(2012), 『사회언어학 사전』, 소통, pp. 179-180.
22) Kerbrat-Orecchioni, C.(1990), *L'interaction verbales*, Armand Colin, p. 59.

주제들을 통하여 특정 공동체의 고유한 사고와 행동 방식, 관습들을 탐구하며 해당 사회를 분석할 수 있는 특성과 구조를 찾고자 한다.

지금까지 우리는 '문화'를 주요한 연구 대상으로 상정하는 각 학문 분야의 연구 방향들을 살펴보았다. '문화'를 연구 대상으로 삼을 때 각 학문 분야에서는 '문화'라는 용어가 지시할 수 있는 광범위하고 총체적인 개념에 초점화가 이루어지고 있음을 알 수 있다. 간략히 말하면 '문화'를 연구하거나 교육 대상으로 삼는 첫 작업은 해당 분야에서 '문화'를 다시 정의하고 범위를 좁히는 것부터 시작되어야 하는 것이다. '문화'를 어떻게 규정하고, 어떤 측면에 주목하느냐에 따라 논의의 범위와 방식이 달라진다. 앞서 살펴본 것처럼 역사학자들은 '문화사'라는 명칭 하에 특정 시기, 특정 공동체의 전반적인 사회상을 기록하고자 하며, 사회학에서 문화는 계급 구조나 사회적 불평등의 재생산과 연결되어서 논의되고, 인류학에서는 특정 민족이나 공동체의 관습이라는 차원에서 탐구된다. 문화 이론 분야는 대중 문화의 생산과 분배, 소비에 작용하는 지배 이데올로기에 대한 비판적 관점으로부터 문화의 이름으로 유포되는 의미들에 주목한다. 즉 각 학문 분야는 '문화'를 정의하고 연구 주제를 설정하기 전에 해당 학문 분야가 담당하는 역할에 대한 고민으로부터 출발한다. 예를 들어 사회학은 사회는 무엇이며 어떻게 변화하고 재생산되고 있는가를 질문하면서 각 계급과 개인에게 '문화'의 작동 방식을 탐구하는 것이다. 결론적으로 '문화'의 어떤 특성에 주목하는가는 해당 학문 분야가 추구하는 목표와 반드시 연결되어야 하며, '문화'의 총체적인 개념은 해당 분야에 맞게 구체화되어야 한다.

Ⅱ. 외국어 교육과 문화

그렇다면 '외국어 교육' 분야에서 '문화'는 어떻게 정의되어야 하는가. 어떤 내용들이 문화 교육의 내용으로 선정되어야 하는가. 목표어의 일상생활을 영위하는데 직접적인 도움을 줄 수 있는 관습이나 생활 예절들에 대한 지식일까, 아니면 목표어에 대한 관심과 학습 동기를 유발하도록 하는 사회제도나 문화적 유산에 대한 백과사전식의 정보일까. 이러한 문제들에 답하기 위해서는 외국어 교육 분야에서 말하는 '문화'란 무엇인가를 정의해야 한다. 앞 장에서 살펴본 문화를 연구하는 타학문 분야와는 달리 외국어 교육에서 '문화' 개념은 '언어'를 어떻게 보는가 하는 언어관(言語觀)과 긴밀히 연결되어 있다. 외국어 교수법의 역사를 살펴보면 각 시대를 풍미했던 교수법들은 언어에 대한 특정한 관점, 즉 언어관에 기반 하여 외국어 교육에서 다루어야 할 문화 교육의 내용과 목표를 선정하였음을 알 수 있다.

2.1. 외국어 교수법과 언어·문화관23)

근대 및 현대의 외국어 교육이 시작되기 전 19세기 말까지의 전통

---

23) 이번 절의 내용은 정우향(2015), 「한국의 외국어 교육 담론과 인문학」, 『아시아 문화 연구 제 40집』, pp. 131-153의 일부 내용을 담고 있다.

적인 외국어 교육은 '문법 번역식 교수법'이었다. 문법 번역식 교수법은 고전 라틴어를 가르쳤던 전통적인 방식을 다른 외국어 교수법으로 차용한 것이다. 문법 규칙을 기계적으로 암기하게 하고 해당 외국어로 표기된 모범 문장을 번역하게 하고, 반복해서 쓰게 하는 연습을 통해서 외국어를 숙달하도록 하였다. 16세기 이후 유럽 사회의 정치적 변화로 라틴어는 일상적인 의사소통의 언어가 아닌 죽은 언어(死語)가 되었음에도 불구하고, 19세기 후반까지도 라틴어 교육의 방법론은 프랑스어와 이탈리아어, 영어와 같은 중요한 외국어 교육을 위한 표준 방법이 되었다.[24]

이와 같은 문법 번역식 교수법의 언어관에서 언어란 인간의 지적능력을 고양시키는 수단으로 인식되었다. 대중교육이 보편화 되지 않았던 시기였던 만큼, 외국어 교육은 다분히 지식인이나 성직자, 특권 계층 중심의 지식과 정보 획득을 위한 수단이자 지적 훈련이었다. 여기서 '문화'란 특정 공동체의 구성원들이 성취한 최고의 산물로서 정의된다. 문화는 문학과 미술, 음악, 조각과 같은 예술 작품과 관련되며, 외국어 교육의 문화 교육은 목표어로 된 문학 작품을 감상하는 것을 통하여 이루어졌다. 이러한 교수법과 언어관 속에서 '문화'는 지식이나 교양과 관련된 '고급 문화'를 지칭한다. [25]

---

24) "현대 언어들이 18세기 유럽 학교의 교육과정에 포함되기 시작했을 때, 이들 언어는 라틴어를 가르치는 데 쓰인 것과 동일한 기본적인 과정을 통해서 학습되었다. 교과서는 추상적인 문법규칙 설명, 어휘 목록 그리고 번역을 위한 문장으로 구성되었다. 외국어의 말하기 교육은 목표가 아니었으며 구두연습은 학생들이 번역한 문장을 소리 높여 읽는 것에 한정되었다. 이들 문장은 그 언어의 문법 체계를 설명하기 위해 구성되어, 실생활에서 의사소통할 때 쓰는 언어와는 관련이 없어 지루하기만 했다." 전병만 외 역(2008), 잭 리처드 저, 『외국어 교육 접근 방법과 교수법』, Cambridge, p. 6.

25) Germain, C.(1993), *Évolution de l'enseignement des langues: 5000 ans d'histoire*,

1880년대부터 시작된 개혁의 움직임 속에서 외국어 교육은 점차 구어와 의사소통 기능을 중시하는 방향으로 나아가게 된다. 특히 2차 세계대전은 외국어 교육 방법에도 획기적인 영향을 끼쳤는데 '미 육군 전문 어학훈련 프로그램(Army Specialized Training Program: ASTP)'으로 알려진 '군대식 방법(Army Method)'은 이후의 언어 교육자들과 학자들에게 언어 교재가 아닌 목표어 화자들과의 직접 접촉을 통해 일상 회화 능력을 배우는 것이 외국어 학습을 위해 효과적이라는 사실을 확신시켜주는 계기가 되었다. 1960년대 이후 외국어 교육의 지배적인 흐름은 행동주의 심리학과 구조주의 언어학의 영향을 받은 청화식 교수법이다. 이와 같은 접근법에서는 듣기 훈련을 통한 구어 능력을 개발 시키는데 중점을 두었다. 그러나 청화식 교수법의 언어관에서 언어학습은 단순 암기를 통한 기계적인 습관 형성과 유사하게 인식되었다. 듣기나 구어 영역에 중요성을 부여했더라도 의사소통 상황 맥락을 배재한 문장 속에 제시되는 문법과 어휘, 구문의 반복 훈련이라는 방법론적 틀을 벗어나지 못하였다.[26] 이와 같은 20세기 전반부의 외국어 교수법에서 문화는 고급 문화를 지칭하는 한정된 개념에서 벗어나기 시작하였고 언어적 의사소통이 이루어지는 배경으로서 일상 문화에 대한 인식이 시작되었다. 특히 학습자의 모국어와 목표어의 특성을 비교하는 것뿐만 아니라 다양한 그룹별 문화와 학습자의 모국 문화와 목표 문화의 다른 점을 비교하는 시도가 이루어졌다. [27]그러나 언어의 구조와 형태가 중심이 된 교수

CLE international, p. 103
26) 이근님 외(2015), 『프랑스어 교육학』, 신아사, p. 189.
27) Germain, C.(1993), 위의 책, p. 143

법 속에서 의사소통 상황과 연관되는 발화의 의미와 기능과 관련되는 문화의 역할에 대한 인식은 미미하였다고 볼 수 있다.[28]

1970년대 후반 이후 촘스키의 '언어 능력(compétence linguistique)'[29] 개념을 비판하며 하임즈가 제시한 '의사소통 능력(compétence communicative)' 개념은 현대의 외국어 교육의 언어관에 가장 결정적인 영향을 주었다. 하임즈에 따르면 한 발화 공동체에서 의사소통하기 위해서는 촘스키가 기술한 언어 능력만으로는 불충분하여 언어 사용의 지식과 문화를 통합하는 광범위한 능력이 필요한데 이것을 '의사소통 능력'이라고 설정하였다. 하임즈의 의사소통 능력에 대한 관점을 보완하고자 하는 이후의 언어학자들과 외국어 교육학자들은 공통적으로 언어의 본질을 의사소통상의 기능 속에서 찾고자 한다. 의사소통적 접근법을 옹호하는 학자들은 '제2언어를 배우는 것이 다양한 종류의 기능을 수행하기 위한 언어적 수단을 획득하는 것'이라고 보았다. 의사소통적 언어관의 특징은 다음과 같다.

1. 언어는 의미를 표현하는 체계이다.
2. 언어의 일차적 기능은 상호작용과 의사소통이다.
3. 언어의 구조는 그것의 기능적이고 의사소통적 사용을 반영한다.
4. 언어의 일차적 단위는 단지 그 문법적 및 구조적 특징뿐만

---

28) 배재원(2013), 위의 책, p. 60.
29) 인간은 태어나서 만 4세가 될 무렵이면 별다른 노력 없이도 자신의 모국어의 발음 구조, 단어, 문법에 대한 백과사전적 지식을 갖게 된다. 즉 '모국어 화자가 모국어를 지배하는 규칙을 알고 있고, 그것들에 주의를 기울이지 않고도 그 규칙들을 적용할 수 있는 능력'인 '언어 능력(competence)'을 가지게 되는데 이 능력을 기반으로 모국어 화자는 무한히 많은 문장을 생성하고 이해하게 된다.

아니라, 담화에서 예시된 바와 같이 기능 및 의사소통적 의미의
범주이다.[30)

의사소통적 접근법 이후로 외국어 교사들은 '언어란 무엇인가'와
'언어의 어떤 특성과 측면을 가르칠 것인가'라는 질문에 대해 '의사소
통'과 '의사소통 능력'이라는 개념을 중심으로 탐구하게 된다. 문화
교육의 측면에서도 1980년대의 의사소통적 접근법 이후로 본격적으
로 외국어 교육학자들은 '언어' 자체가 아닌 '의사소통'이라는 범주
안에서 외국어와 외국 문화를 바라보기 시작하였다. 2000년대는 『유
럽공통참조기준』[31)의 발간과 더불어 행위중심적 접근법이 외국어 교
육의 목표와 방법론을 제시하는 지배적인 흐름이 되고 있다. 행위중심
적 접근법의 언어관은 기본적으로 의사소통적 접근법의 언어관을 공
유하고 있다. 행위중심적 접근법의 기본 전제는 '인간은 행동하면서
배운다'는 것이고, 언어 학습은 학습자들이 일상 의사소통과 직접
연관된 유의미한 활동들을 수행하면서 이루어진다는 것이다. 행위중
심적 접근법에서 언어는 행위의 수단이며 언어학습의 목표는 '외국어
로 행위적인 어떤 목표를 이루게 하는 것'이다. 언어 교실에서 학습자
들은 '전화 걸기, 편지 쓰기, 지시문을 읽고 장난감 조립하기, 요리하
기' 등 다양한 의사소통적 과제를 수행하면서 외국어를 배우게 된다.

---

30) 전병만 외 역(2008), 위의 책, pp. 246-247.
31) 유럽의 경우 유럽 연합(European Union, EU)이라는 공동체로의 통합이 본격화되면서
유럽 여러 나라들의 언어와 문화의 독자성을 보존하면서 유럽 국가들 간 의사소통이
원활히 이루어지도록 하기 위한 외국어 교육 정책이 필요하였다. 1949년에 설립된
유럽 평의회가 중심이 되어 2000년 초에 '언어학습교수평가를 위한 유럽공통참조기
준'을 채택하였다.

'의사소통'이나 '행위' '의사소통 능력'의 개념을 중심으로 외국어 교육을 구상하게 될 때, '목표 문화'에 대한 지식과 목표 문화에 대한 이해 능력은 가장 중요한 외국어 학습의 내용이 된다. '문화'는 의사소통, 즉 목표어로 이루어지는 상호작용의 배경이자, 이를 수행할 수 있는 의사소통 능력을 구성하는 가장 중요한 항목이기 때문이다. 따라서 하임즈에 의해 제시된 '의사소통 능력'이란 개념 속에는 의사소통을 위해서는 목표어 뿐만 아니라 목표 문화를 알아야 한다는 전제가 들어있다. 하임즈에 따르면, '의사소통 능력'이란 '언제 말하고 언제 말하지 않아야 하는지, 누구와, 언제, 어디서 어떤 방식으로 이야기해야 하는지 아는 능력'이다.[32] 이것을 다르게 정의하면 의사소통과 관련된 해당 공동체의 문화적 관습을 알고 적용할 수 있는 능력이다. 또한 학자들마다 조금씩 다르지만 의사소통 능력을 구성하는 세부 능력들을 살펴보면, 문법적 능력을 제외한 사회언어학적 능력이나 담화 능력, 전략적 능력 등은 목표어에 대한 언어 능력을 넘어선 타 문화에 대한 이해와 적용 능력과 관계가 있다.[33] 주의할 점은 목표 문화에 대한 백과사전적 지식의 축적이 의사소통 능력 신장을 담보하지는 않는다는 점이다.

---

32) 정우향(2011), 『바흐친의 대화주의와 외국어 읽기 교육』, 박이정, p. 92.
33) 학자들마다 의사소통 능력을 구성하는 세부 항목, 하위 능력이 무엇인가에 따라서는 의견과 강조점이 조금씩 다르지만 대체로 의사소통 능력은 다음 네 가지 능력으로 구성된다.
① 문법적 능력(compétence grammaticale): 어떤 표현이 형식상 문법에 맞는가.
② 사회언어학적 능력(compétence sociolinguistique): 어떤 표현이 의미와 형식면에서 적절한가.
③ 담화 능력(compétence discursive): 어떤 표현이 통일성 있는 텍스트 인가.
④ 전략적 능력(compétence stratégique): 의사소통을 효과적으로 하기 위한 언어적 비언어적 전략에 대한 능력이 있는가.

다양한 상황 속에서 외국어 학습자가 목표어의 문화에 대해 습득한 사전적인 지식이나 배경 지식 그 자체라기보다는 언어활동의 장에서 문화에 맞게 언어를 정확하게 이해하고 표현할 수 있는 능력을 지향한다. 어떤 문화에 대해서 아는 것(cultural awareness, 문화 인식)을 넘어서 목표 언어의 문화에 친숙해지고, 그 문화를 언어활동에 활용할 수 있는 능력으로 문화 능력을 함양할 수 있어야 한다.[34]

위 글에서 언급된 바와 같이 목표어로 의사소통을 위해서 목표 문화 교수/학습은 문화적 지식 자체가 목적이 아니라 문화적 요인과 관련된 의사소통 상황 해석 능력, 적응 능력을 반드시 포함한 말이다. 다음 예를 보면 '문화'는 우리가 의사소통하는 형식과 내용에 끊임없이 개입하고 있음을 알 수 있다.

한국말에는 찬물도 위아래가 있다는 속담이 있다. 이것은 찬물을 마실 때도 윗사람 먼저 마시고 아랫사람이 그 다음에 마신다는 뜻으로, 아무리 별 볼일 없는 것이라도 윗사람부터 대접해야 한다는 의미이다.(…) 한국인은 처음 만나서 인사를 할 때, 외국인들이 매우 불편하게 생각하는 질문들을 한다. "몇 살이세요?" "몇 년 생이세요?" "저는 호랑이 띠인데, 무슨 띠세요?" "저는 08학번인데, 몇 학번이세요?" 이러한 질문들은 외국인에게는 어색할 수 있으나, 한국인에게는 매우 자연스럽다. 상대방과 나의 위계가 정해져야 상대방에 대한 나의 말투나 행동 방식을 정할 수 있기 때문이다.[35]

---

34) 윤여탁(2013), 위의 책, p. 152.
35) 권영민 외(2009), 『외국인을 위한 한국문화읽기』, 아름다운 한국어학교, pp. 43-44.

위 글은 고급 수준의 한국어를 배우는 외국인 학습자를 대상으로 한 강독 교재에 실린 것이다. 한국어를 아는 것만으로는 소통할 수 없으며 한국어가 사용되는 문화적 맥락 속에서 한국어의 문법과 표현들을 학습해야 한다는 점을 지적하고 있다. 따라서 한국어를 외국어로서 배우는 외국인들에게 '진지 드셨습니까?' '식사하셨어요?' '밥 먹었니?'와 같은 반말과 높임 표현들을 가르친다면 각 어휘나 문법을 가르치는 것에 앞서 화자 자신과의 관계를 고려하여 상대방에 대한 예의를 지키는 한국인의 의식 구조를 한국 문화와 관련하여 먼저 이해시켜야 한다. 한국인들이 초면에 나이나 결혼 여부와 같은 지나치게 사적인 질문들을 물어보는 것을 기분 나빠하는 외국인들은 한국 문화를 한국어 사용과 연결시키지 못한 것이라고 할 수 있다. 또한 반대의 경우, 프랑스어를 배운 한국인이 프랑스 여자에게 'Vous avez quel âge?(나이가 몇 살이세요?)'라고 초면에 질문했다면, 이 한국인 역시 성인 여성에게 나이에 관한 질문은 무례하게 여겨지는 프랑스의 문화적 배경을 모르기 때문이다. 우리는 외국인들의 언어적 실수에 대해서 관대하나, 터부가 되는 주제를 건드리거나 예의에 어긋나는 경우처럼 문화적인 요인과 관련되어 있을 때 의사소통은 심각한 위기를 맞는다. 원어민과 의사소통상의 오해나 실패는 언어적 원인보다는 목표어가 사용되는 문화적 상황 맥락에 대한 무지에서 출발하는 경우가 많다. 이와 같이 의사소통 과정에 개입하는 문화의 역할과 의사소통 능력을 위한 문화 교육의 중요성에 대한 인식을 바탕으로 현재 외국어 교육에서 '문화'에 대한 관심은 점점 증가하고 있다.

2.2. 외국어 교육과 문화 교육

앞서 살펴본 바와 같이, 1880년 이전 전통적 접근법에서는 고전문학 작품을 통해 외국어 교육이 이루어진 만큼 문학의 언어를 통해 상류층의 예술과 언어를 접하는 방식이 곧 문화 교육이었다. 1850년대 직접 교수법 이후 20세기 초반부 청화식 교수법과 시청각 교수법에서는 구어에 대한 관심과 더불어 일상 문화에 대한 관심이 자연스럽게 부각되었다. 1980년대 이후 의사소통적 접근법과 2000년대의 행위 중심적 접근법에 이르면서 언어를 사회 문화적 맥락과 연관시켜 가르쳐야 하며 외국어 교육은 곧 외국 문화의 교육이라는 인식은 보편화 되었다. 교수법사를 통해서 알 수 있듯이 외국어 교육에서 '문화'는 꾸준히 '한 공동체의 생활양식'이라는 소문자 c의 문화 개념36)에 주목하면서 '고급문화'에서 '일상 문화'를 중시하는 방향으로 변화해왔다. 일상 문화에 대한 관심이 높아진 것은 바람직하나 외국어 교수법 사의 흐름을 통해 살펴 본 '문화'에 대한 관점은 다음 두 가지 점에서 오늘날 한국의 외국어 교육을 위해서 반성적으로 성찰해 볼 여지가 있다. 첫째는 지나치게 도구적 언어관을 기반으로 문화 개념 역시 설정되고 있다는 점이고, 두 번째로는 '일상 문화'에 대한 모호한 해석에 관한 것이다.

---

36) 'small c'는 일상 문화를 지칭하며, 최소주의(minimalism) 입장인 반면에 'Bic C'는 고급문화(교양문화)를 가리키며 최대주의(maximalism) 입장의 문화 개념이다.

1) 도구적 언어관에 기반 한 문화 개념

각 시대 별로 외국어 교수법 분야에서 제공하는 언어나 문화에 대한 관점은 언제나 현장의 교수자들과 교재 제작자들, 연구자들에게 영향을 끼쳐왔다. 외국어 교수법의 역사를 통하여 살펴본 바와 같이 전통적 외국어 교수법에 대한 개혁적인 움직임과 더불어 20세기 초부터는 언어를 '의사소통을 위한 도구'로 보는 언어관이 확산되었다. 이러한 도구적 언어관은 의사소통적 접근법과 행위 중심적 접근법에 이르러 현대 외국어 교육 분야의 지배적인 언어관으로 정착하게 된다. 예를 들어 의사소통 중심 언어 교수법에서는 언어 구사의 능숙도나 유창성이 가장 중요한 외국어 교육의 목표가 되었다. 외국어 교육에서 문법이나 어휘 교육은 불필요한 지식으로 간주되었으며, 교육 텍스트로서 문학 작품의 가치는 평가 절하될 수밖에 없었다. 특히 "문학의 언어는 엘리트주의적이고 궁벽하고, 이상하며, 실제적(authentic)이지 못한 언어"라고 평가되었다.[37]

특히 신자유주의와 세계화의 추세, 유럽 공동체의 언어 교육 정책의 수립과 더불어 언어 교육 전 분야에 걸쳐 도구적 실용주의적 언어관이 강화되어 왔다. 그러나 학습자의 '언어적 요구'는 실생활의 의사소통 상황 속에서 '낮은 단계의 생활 외국어(survival foreign language)'로 적절한 대처를 하는 능력을 획득하는 것으로 충족되지는 않는다. 생활 외국어뿐만 아니라 학습자가 목표로 하는 언어의 사회 문화나 문학에 대해서도 알고 있어야 하며, 외국어를 구사하는 과정에서 이를 적극적으로 활용할 수 있어야 한다. 의사소통 능력이란

---

37) 윤여탁(2013), 위의 책, p. 144.

낮은 단계의 생활 외국어로 소통하는 능력뿐만 아니라, 다양한 상황 속에서 이루어지는 높은 단계의 외국어 소통 능력을 포함하는 것이기 때문이다.[38]

또한 오늘날의 외국어 교육 분야에서 도구적 언어관을 형성시키는 데 결정적인 영향을 끼친 의사소통적 접근법이나 행위 중심적 접근법은 기본적으로 유럽과 미국의 학자들에 의해서 제안된 것이다. 특히 행위 중심적 접근법은 문화와 교육, 경제적인 측면에서 서로 교류가 매우 많으며 다중언어의 환경 속에 살고 있는 유럽 연합 소속 시민들의 외국어 교육 환경에 적합한 교수법이라고 할 수 있다. 언어 교육을 언어 교실의 틀을 벗어나 사회적 행위들과 연결시키면서 학습자들의 동기를 이끌어낸다는 행위 중심적 접근법의 기본 취지는 지나치게 도구적인 언어관을 기반으로 하고 있으며, 유럽 국가들의 사회적 요구들을 기반으로 하고 있다. 이러한 실용 중심의 도구적 언어관은 해당 외국어를 실제로 쓸 기회가 없는 한국과 같은 단일 언어 환경에서는 본래의 취지가 왜곡되기가 쉽다. 또한 외국어 교육의 목표를 외국어 인증 자격시험에서 높은 점수를 받거나 원어민과의 가상 의사소통 상황을 연습하는 과정으로 축소시킬 우려가 있다.

경쟁력과 효율성을 최우선으로 삼는 한국 사회 분위기 속에서, 외국어 학습은 본질적으로 외국어와 모국어를 비교해보면서 사유의 능력을 확장하고 해당 외국어가 쓰이는 문화에 대해서 새롭게 열리면서 스스로 더욱 풍요롭고 '다름'에 관대한 존재로 서서히 변화해가는 과정이라는 주장이 설득력을 갖기가 어렵다. 외국어 배우기는

---

38) 윤여탁(2013), 같은 책, p. 146.

자격증 획득으로 종결되어야 하며 '자기 소개하기, 길 찾기, 감사 또는 유감 표현하기, 초대 수락하기' 등과 같이 일상 의사소통 생활의 문제 해결 능력을 키우는 과정처럼 인식된다.[39]

위 글에서 지적한 것처럼 한국에서 외국어 학습의 동기는 외국어 영역 입시나 자격증의 좋은 시험 성적을 받기 위한 '수단적 동기'[40]가 대부분이다. 그렇다면 도구적 언어관이 강세를 이루고 학습자의 '수단적 동기'가 외국어를 배우는 주된 이유를 차지하고 있는 한국의 외국어 교육의 현실은 과연 바람직한 것일까. 강준만은 한국의 영어 교육의 현실을 다음과 같이 비판하고 있다.

한국에서 영어는 국가적 종교이긴 하되, 내부경쟁에서 이기기 위한 기복신앙인 셈이다. 외국의 학생들이 배움에서 '깊이'를 추구할 때에 우리는 순전히 내부경쟁용 변별 수단으로서 '점수 영어'에만 올인한다. (…)외국어는 인문학이며 인문학이어야 하는데도, 우리는 영어를 가급적 인문학과는 거리가 먼 방향으로 공부하고 있는 것이다.[41]

위의 글에서 지적하고 있는 것은 영어 교육의 현실이지만, 중국어

---

39) 정우향(2014), 『너와의 시간, 당신과의 시간』, 엘도론, pp. 101-102.
40) 가드너는 학습자들이 외국어를 배우는 동기를 '통합적 동기'와 '수단적 동기'로 구분하였다. '통합적 동기'란 그 언어를 쓰는 민족과 문화에 대한 진지한 관심에서 출발해서 외국어를 배우는 동기를 말하며, '수단적 동기'란 그 언어를 배움으로써 누리게 되는 실용적인 혜택을 목표로 하여 설정하는 동기를 가리킨다. 심영택 외 역(1995), H. H. 스턴, 『언어교수의 기본개념』, 하우, pp. 404-405.
41) 강준만(2015), 『재미있는 영어 인문학 이야기 1』, 인물과 사상사, p. 5.

나 일본어, 프랑스어 등 다른 외국어 교육을 둘러싼 한국 사회의 요구는 이와 유사한 방향으로 진행되고 있다. 즉 가장 단시간에 외국어 자격증의 높은 점수를 획득하는 것이며, 이와 같은 외국어 학습에서는 '시장의 논리'만이 있을 뿐이다. 이와 같이 교수법상의 흐름과 시대적 상황으로 인해 언어나 의사소통의 본질은 점점 더 '도구적 언어관'으로 편향되어 해석되고 있다. 외국어 교육의 '문화' 개념이 외국어 교육의 목표를 결정짓게 만드는 시대의 이데올로기와 언어관을 기반으로 도출된다고 볼 때, 현시대 외국어 교육의 도구적 언어관은 문화 교육을 학습자들의 호기심을 유도하는 피상적인 지역학적 정보 제공에 그치거나 의사소통 상황과 직접 연결되는 언어 습관상의 차이와 연결된 단편적 지식 위주로 이해하도록 유도하고 있다.

즉 언어 교육에의 의사소통적 접근법 강조는, 언어 수업이 문화 수업을 대체하거나 심층적이고 관념적인 문화 내용을 제외하는 결과를 초래하였으며, 문화 텍스트는 어휘나 문법 구조 등을 이해하기 위해서 문화적 맥락을 단순히 제공하는 차원에 머물러 온 경향이 있다는 것이다. 이는 그동안 외국어 교육에서의 의사소통 능력에 대한 역설이 문화 교육의 중요성을 강조한 듯 보이나 실제적으로는 문화의 개념과 범위를 축소하여, 문화의 진면목을 들여다보지 못하고, 문화가 언어 교육을 위한 도구적 역할을 주로 수행해 왔음을 의미한다.[42]

위 글에서도 지적하고 있는 것처럼 의사소통적 접근법 이후 외국어

---

42) 배재원(2013), 위의 책, p. 63.

교육에서는 문화 교육을 강조한 것처럼 보이나 실제로 문화 교육은 생활 외국어 능력과 연관된 상황 맥락과 양적 증가의 차원에서 피상적으로 이루어져 왔음을 알 수 있다. 이와 같이 의사소통적 접근법 이후 행위 중심적 접근법에 이르기까지 외국어 교수법상의 지배적인 담론들과 외국어 교육과 연관된 한국 사회의 풍토는 한국에서 외국어를 배우는 학습자들에게 '외국 문화'를 지나치게 도구적인 언어관에 한정시켜 제시하고 있다.

2) 외국어 교육과 일상 문화

두 번째로 우리는 현재 외국어 교육 분야에서 '문화'는 '목표어 공동체 구성원들의 일상 문화'의 개념으로 수용되고 있다는 점을 지적해볼 수 있다. 외국어 교수법상의 흐름 속에서 '문화'는 '고급문화'에서 '일상 문화'를 중시하는 방향으로 변화해왔다. 현재 프랑스어를 비롯한 유럽의 주요 외국어 교육과 관련된 담론들에 가장 중요한 영향력을 행사하는 것은 『유럽공통참조기준』이다. 이것은 유럽통합에 대비해 유럽 각국의 외국어 전문가들이 모여 집대성한 '유럽 시민을 위한 언어학습'의 참고 기준이다. 그 명칭부터가 '언어 학습, 교수, 평가를 위한 유럽공통참조기준'인 것에서도 알 수 있듯이 유럽어들의 언어 능력을 가장 기초단계인 A1에서 모국어의 수준에 가까운 C2까지 6단계로 세분화하며 숙달도를 나누었고 각 단계 별 성취해야 할 능력들을 'can do' 형식으로 다음과 같이 기술하고 있다.

[표 2] 공통 참조수준: 총괄 척도[43)]

숙달된 언어 사용	C2	읽거나 듣는 것을 거의 모두 힘들이지 않고 이해할 수 있다. 준비 없이도 아주 유창하고 정확하게 의사를 표현할 수 있고, 복합적인 사안을 다룰 때에도 비교적 섬세한 의미 차이를 구별하여 표현할 수 있다.(…)
	C1	사회생활과 직업생활, 대학교육과 직업교육에서 언어를 효과적으로 유연하게 사용할 수 있다.(…)
자립적 언어사용	B2	쌍방 간에 큰 노력 없이 원어민과 자연스러운 대화를 할 수 있을 만큼 준비없이도 유창하게 의사소통을 할 수 있다.(…)
	B1	명확한 표준어를 사용하며 업무, 학교, 여가 시간 등과 같이 익숙한 것들이 주제가 될 때, 요점을 이해할 수 있다. (…)
기초적 언어사용	A2	아주 직접적으로 중요한 분야(예를 들어 신상, 가족, 물건 사기, 업무, 가까운 주변 지역에 관한 정보)와 관련된 문장과 자주 사용되는 표현들을 이해할 수 있다.(…)
	A1	구체적인 욕구 충족을 지향하는 익숙한 일상적 표현들과 아주 간단한 문장들을 이해하고 사용할 수 있다.(…)

프랑스어와 독일어, 스페인어 등 유럽국가의 대표적 언어들의 언어 교육 정책은 공통적으로 2001년도에 간행된 '유럽공통참조기준'을 바탕으로 한다. 유럽평의회는 '다중언어주의와 문화적 능력'을 모든 유럽 언어에 적용할 수 있는 외국어 교육의 목표로 내걸고, '유럽공통

---

43) 김한란 외 역(2010), 유럽 평의회 편, 『언어 학습, 교수, 평가를 위한 유럽공통참조기준』, 한국문화사, pp. 101-102. 총괄 척도의 내용의 일부만 인용하였다.

참조기준'을 통해 언어 학습과 교수, 평가를 위한 지침들을 제시하였다. 외국어 교수법의 측면에서 유럽공통참조기준은 '행위 중심적 접근법'을 이론적 기반으로 하여 구상되었다. 행위 중심적 접근법에서 외국어 학습자는 '사회적 행위자'로 간주된다. 유럽공통참조기준에는 '사회적 행위자'란 인간이 사회적 존재로 활동하는 일상의 다양한 생활 영역44) 속에서 "의사소통적 과제 뿐 아니라 다른 과제까지 해결하는 사회 구성원"이라고 정의하고 있다.45) 유럽 연합의 출범으로 회원국 간에 더욱 유동성과 교류가 증가하는 상황 속에서 유럽의 외국어 교육의 목표는 유럽인들이 언어와 문화의 경계를 넘어 서로 쉽고 효과적으로 의사소통 할 수 있는 의사소통적 언어능력46)에 도달하는 것을 목표로 한다.47) 유럽 평의회가 제시한 외국어 교육과 관련된 권고문들과 일반 규정48)을 보면 유럽공통참고기준에 담겨진 정책

---

44) '생활영역'은 참고기준에서 여러 번 반복되고 강조되는 용어중의 하나이다. 참고기준은 생활영역을 다음 네 가지로 세분화 하고 있다. 김한란 외 역(2010), 같은 책, pp. 62-65 참조.
   • 사적 영역: 개인영역의 중심에는 가정 내의 가족, 그리고 친구와의 삶이 자리 잡고 있다. 개인 활동, 예를 들어, 오락을 위한 읽기, 일기쓰기 혹은 취미생활 등이 이에 속한다.
   • 공적 영역: 이 영역 내에서 모든 인간은 공적생활의 구성원으로서 그리고 자신이 속한 조직체의 구성원으로서, 다양한 형태의 업무행위와 목적을 위해서 활동한다.
   • 직업 영역: 주어진 상황에 해당되는 사람이 종사하고 있는 영역
   • 교육 영역: 특히 교육기관 내에서의 조직적 학습에 참여하는 영역을 일컫는다.
45) 김한란 외 역(2010), 같은 책, p. 12.
46) 참조기준에서 의사소통적 언어능력은 '언어적 구성요소, 사회 언어적 구성요소, 화용적 구성요소'들로 이루어진다. 김한란 외 역(2010), 같은 책, p. 16.
47) 김한란 외 역(2010), 같은 책, p. 4.
48) 다음은 유럽 평의회가 제시한 외국어 교육과 관련된 일반 규정의 일부이다.
   1. 모든 인구집단이 다른 회원국들의(또는 자국 내의 다른 언어공동체의) 언어지식을 습득함과 동시에 의사소통 요구를 충족시킬 수 있을 정도의 언어 사용 능력을 습득할 수 있는 효과적인 수단과 방법을 가능한 한 많이 누릴 수 있도록 보장한다.

적 배경을 이해하게 된다.

- 유럽 언어와 문화의 다양성이라는 풍부한 유산은 보호하고 발전시켜야 할 귀중한 공동의 보물이며, 이 다양성을 이해를 저해하는 장애물로부터 서로의 유익과 상호 이해의 원천으로 전환하기 위해서는 교육제도 분야에서 많은 노력이 필요하다.
- 현대 유럽 언어들을 더 잘 아는 것만으로도 상이한 모국어를 사용하는 유럽인들 사이의 의사소통과 상호작용을 용이하게 할 수 있고, 그로 인해 유럽 내의 유동성, 상호이해, 협력이 강화되고, 편견과 차별도 극복될 수 있다.
- 회원국들이 현대 언어의 학습과 교수 영역에서 국가교육정책의 기본원칙을 의결하거나 발전시킨다면, 유럽 차원에서 지속적인 협력과 조정에 관한 합의를 통해 정책을 좀 더 통일할 수 있다.[49]

즉, 유럽공통참고기준은 유럽 내 회원국들 간의 '유동성, 상호이해, 협력'을 강화시키는 목표 아래 외국어 교육과 문화 교육의 세부 목표들을 설정하고 있다. 이런 맥락에서 의사소통 능력의 가장 중요한 측면은 일상생활을 무리 없이 영위할 수 있는 수행 능력이다. 문화

그 특별 사항은 다음과 같다.
1.1-다른 나라에서 무난히 일상생활을 하고, 자국 내의 외국인들이 일상생활을 할 수 있게 도와주도록 한다.
1.2-다른 언어를 사용하는 청소년이나 성인들과 정보와 생각을 교환하고, 자신의 생각과 감정을 전달하도록 한다.
1.3-다른 사람들의 생활방식과 사고방식 그리고 그들의 문화유산에 대해서 더 깊이 있고 잘 이해하도록 한다. 김한란 외 역(2010), 같은 책, pp. 3-4 참조.
49) 유럽 평의회 장관위원회의 권고문 중 유럽 언어 정책의 3대 기본 원칙을 밝히는 부분이다. 자세한 내용은 김한란 외 역(2010), 같은 책, pp. 2-3에 나와 있다.

교육과 관련되어 '상호 문화적 태도'와 '다문화성'50)이 논의되기는 하지만 제시된 내용을 보면 구체화되지 않은 선언적 구호에 그치고 있는 경향이 있다. 결론적으로 참고기준에서 제시되는 '문화'는 유럽인들의 일상생활51) 영역에서 나타나는 생활양식으로서의 문화 개념이 가장 중시된다. 일상의 의사소통상의 과제를 해결하는 '사회적 행위자'로서 외국어 학습자를 바라보는 행위 중심적 접근법의 관점과 '일상 문화'를 강조하는 유럽공통참고기준의 문화관은 서로 호응을 이룬다. 과거 외국어 교육에서는 외국 문화를 지나치게 고급문화의 개념으로 한정하여 문학 작품의 감상과 이해를 위주로 다루었기 때문에 언어 교육이 일상생활과 분리되어서 비효율적인 측면이 많았다. 그러나 현재의 교수법적 흐름이나 유럽공통참조기준과 같은 유럽 사회의 배경으로부터 나온 제안들이나 시대의 이데올로기에 편승한 '일상 문화'에 대한 지나친 강조와 실용주의적 해석을 한국의 대학에

---

50) 참조기준에 따르면 "다중언어주의는 다문화성의 맥락에서 보아야 한다. 언어는 매우 중요한 문화의 한 측면일 뿐만 아니라 문화의 외형이나 산물에 접근하는 수단이기도 한다.(…)인간이 접근했던 다양한(국가적, 지역적 또는 사회적) 문화들이 인간의 문화적 능력 안에 단순히 공존하기만 하는 것이 아니다. 문화들은 서로 비교되고 대비되고, 더 풍부하고 통합된 다중문화 능력이 생성될 때 상호작용을 한다." 김한란 외 역(2010), 같은 책, p. 7.

51) 참고기준은 유럽의 한 특정한 사회와 문화에서 나타나는 전형적인 특징은 다음 사항들과 관련된다고 정리하고 있다. 본고에서는 일부 내용만 인용하며 전체 내용은 김한란 외 역(2010), 같은 책, p. 125를 보면 알 수 있다.
  1. 일상생활. 예를 들어 음식과 음료, 식사 시간, 식탁에서의 예절, 공휴일, 근무시간과 근무관습, 여가 활동(취미, 스포츠, 독서 습관, 미디어)
  2. 주거환경, 예를 들어 생활수준(지역적, 계층적, 민족적인 차이도 포함해서), 주택환경, 사회보장
  3. 대인관계 예를 들어 사회의 계층구조와 사회적인 그룹 사이의 관계, 직장에서의 인간관계, 이성간의 관계, 대중과 경찰, 관청과의 관계 등
  4. 다음의 사상들과 관련된 가치관, 신념, 태도(사회 계층, 직업군, 재산, 지역 문화, 치안, 제도 등)

서 진행되는 외국어 교육을 위해서 무비판적으로 수용하는 것은 무리가 있어 보인다.

드패에 따르면 외국어 교육에서 문화는 다음 3가지 측면에서 필요하며 오늘날 외국어 교육의 중심 주제로 자리 잡게 되었다. 첫째로는 문화는 언어 학습에 동기를 부여하고 원칙과 목표를 제시하기 때문이다. 우리는 목표어 문화에 관한 지식이나 이해 없이 목표어를 올바르게 사용할 수가 없다. 둘째, 외국어 교육의 가장 중요한 인접 학문인 언어학의 최근 연구 경향들은 우리의 의사소통이 문법에 맞게 단어나 문장들을 조합하는 것만으로는 이루어질 수 없다는 것을 보여주고 있다. 한마디로 언어를 그 사용 맥락인 문화로부터 분리해서는 생각할 수 없다는 인식이 언어학과 언어 교육자 모두에게 확산 되었다. 셋째로 문화는 국제 간의 교류가 활발해지고 서로 다른 문화권의 사람들 사이의 교류와 협력이 중요해진 시대적 상황 속에서 더욱 중요한 외국어 교육의 주제가 되었다.[52]

이와 같이 다층적인 '문화'의 차원과 언어와 문화의 밀접한 관계를 고려해볼 때 모든 외국어 교육 안에서 문화 교육의 가치는 점점 부각되고 있다. 프랑스어 교육학 사전에 따르면 '문화'는 개인 안에 발현되는 특성이면서 한 사회의 총체적 특성을 가리키는 개념이다.[53] 영어 교육학자들에 따르면 '문화'는 '삶의 방식이며, 뿌리 깊은 행동 및 인식 양상의 집합'이고 특정 공동체 속에서 한 개인의 행동을

52) Defays, J. M.(2003), *Le français langue étrangère et seconde*, Mardaga, p. 68.
53) Cuq, J-P et al(2003), *Dictionnaire de didactique du français*, CLE international, p. 63.

통제하는 것이다. 문화 속에서 우리는 존재하고 생각하고 느끼며, 다른 사람들과 관계를 맺는다. 문화는 사람들을 한데 묶는 접착제(glue)이며 집단적 정체성이기도 한다. 또한 '문화'는 "생각, 관습, 기술, 예술, 그리고 주어진 시기에 주어진 무리의 사람들을 특징짓는 도구"로 정의된다. 각 사람에게 인지적, 정의적 행동을 하기 위한 상황과 개인적, 사회적인 모형판을 제공해준다. 언어는 문화의 일부분이며 문화는 언어의 일부분으로 제2언어 습득의 제 2문화의 습득이기도 하다.[54] 외국인을 위한 한국어 교육 분야에서는 외국어 교육에서 필요한 '문화'는 "끊임없이 변화하는 일상의 삶과 관계"가 있으며, 문화 개념 자체를 언어 교육 중심의 경험적이고 구체적인 시각으로 바라볼 것을 제안하고 있다.[55]

이와 같은 관점들을 종합해보면 한국의 외국어 교육학자들은 '문

---

54) 조명원 &이홍수(2004), 『영어 교육 사전』, 피어슨 에듀케이션 코리아, p. 183.
55) 강승혜 외(2010), 『한국 문화 교육론』, 형설 출판사, p. 41.

[국내 대학 부설 교육 기관 한국어 학당의 문화 교육 목표의 예]

급	목표	정리
1급	한국인의 기본적인 사고 방식과 생활 방식을 이해함으로써 단순한 사회 활동에 적응력을 갖는다.	기본 생활 적응, 문화 이해
2급	한국인의 기본적인 사고 방식과 생활 양식을 이해하지만 아직은 이해의 정도가 충분하지는 못하고 학생의 모국 문화와 다른 한국 문화의 독특한 양상을 거부감 없이 이해할 수 있게 된다.	
3급	한국 문화와 관련된 내용(한국의 예절과 풍습)에 대해 정보를 구하고 소개할 수 있다.	문화 수용
4급	한국인의 사고 방식과 문화(한국의 풍습, 미신, 속담 등)를 이해한다	
5급	한국의 정치, 경제, 사회, 문화적 상황에 대한 전문적인 이해가 가능하다. 일부 방언을 이해할 수 있으며 지역에 따른 향토적 특성을 이해할 수 있다.	전문적 소개 및 설명, 문화 소통
6급	한국의 정치, 경제, 사회, 문화적인 상황에 대해 전문적으로 설명할 수 있다. 준비된 내용으로 한국의 역사 및 전통 문화, 지역별 특성의 소개 및 안내가 가능하다.	

화'라는 어휘가 포함하는 광범위한 개념 중에서 공통적으로 '생활양식'으로서의 '문화'와 특히 '언어 사용'과 관련된 '문화' 개념을 부각시키고 있다. 외국어 교육 학자들은 타 학문과 달리 지역학적 차원의 지식과 정보로 문화를 취급하는 게 아니라, 언어 사용과 의사소통과 연결시켜 바라보고 있다. 즉 '공동체의 생활양식'이라는 널리 알려진 문화의 개념은 외국어 교육과 관련되어서는 외국어 교육의 목표 아래 '의사소통과 관계된 생활양식으로서 문화'로서 정의될 수 있을 것이다. '문화'는 의사소통의 내용과 형식에 모두 스며있다. 그렇다면 외국어로 진행되는 의사소통의 내용과 형식이 '외국 문화'와 연관되는 지점이 외국어 교육에서 다뤄야 할 문화 교육의 내용이 될 것이다.

Ⅲ. 의사소통의 형식과 문화

3.1. 개인의 의사소통 형식

3.2. 공동체의 의사소통 형식

Ⅲ. 의사소통의 형식과 문화

우리의 의사소통이 만약 1950년대의 구조주의 언어학자들에게 폭넓게 영향을 끼쳤던 섀논과 위버(1949)의 전신 모델이나 야꼽슨 (1963)의 모형에서처럼 일 방향적이고 기계적인 정보 전달 과정처럼 진행되는 것이라면 외국어 교육은 의사소통 수단인 언어를 학습시키는 것에만 집중하면 될 것이다.[56) 그러나 우리의 의사소통은 상호작용을 통해서 진행된다. 예를 들어 다음의 도표는 문어 의사소통 상황의 상호작용적 특성을 보여준다.

---

56) Jakobson은 의사소통의 여섯 요소들과 이에 대응되는 대표적인 발화의 기능을 통합시켜 다음과 같이 의사소통 모형을 제시하였다. Jakobson, R.(1963), *Essais de linguistique générale*, Les éditions de Minuit, pp. 214-220.

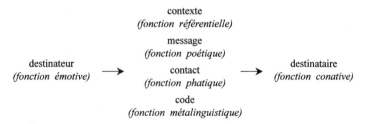

[표 3] Moirand의 문어 의사소통 모형[57]

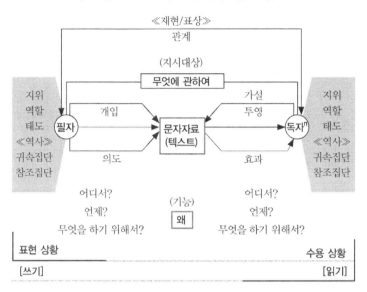

즉 여기서 독자와 필자로 표시된 의사소통의 주체들은 모두 일정한 지위와 역할을 점하고 있으며 개인만의 역사를 가졌고, 특정한 귀속 집단과 참조 집단에 소속된 공동체의 일원이다. 이들이 발화를 생산하고 이해하는 의사소통 행위에는 의사소통이 진행되는 상황 맥락을 고려한 의사소통 상대방과의 상호작용이 끊임없이 개입된다. 이와 같이 상호작용으로서 의사소통을 이해할 때 구어이든 문어이든 성공적인 의사소통을 위해서는 의사소통 주체들과 상황 맥락, 그 결과로 발화 안에 담겨지게 될 문화적 특성에 주목해야 함을 알 수 있다.

본고에서는 외국어 교육과 문화 교육이 교차하는 지점을 탐색하면

---

57) Moirand, S.(1979), *Situations d'écrit*, CLE international, p. 10.

서 의사소통을 내용과 형식의 차원에서 구분하고자 하였다. 여기서 '의사소통의 형식'이란 특정 공동체가 의사소통하는 관습화된 방식으로서 언어 사용의 측면을 가리킨다. 의사소통의 형식과 언어 사용의 규범적 측면은 해당 공동체의 문화적 특성과 불가분의 관계를 이룬다. 본고에서 '의사소통의 내용'이란 특정한 발화의 주제를 중심으로 전개되는 각 발화들을 통해서 구성되는 의미를 지칭한다. 이번 장에서는 특정 공동체가 의사소통하는 형식 속에 담겨진 문화적 속성들에 대해서 논의해보면서 외국어 교육에서 다루어야 할 문화 교육의 내용들에 대해 살펴보고자 한다.

3.1. 개인의 의사소통 형식

인간의 의사소통은 각 언어공동체의 구성원들이 서로 공유하고 있는 언어를 바탕으로 이루어진다. 그런데 우리의 발화에는 내가 속한 언어공동체로부터 주어진 것과 나의 발화 행위의 순간에서부터 창조된 것이 있다. 즉 모든 발화에는 내용과 형식의 모든 차원에서 언어공동체가 제시하는 규범적 측면과 화자 개인의 창조적 측면이 동시에 나타난다. 엄격히 말하면 그 둘의 경계는 나뉘는 것이 아니다. 기호인 언어는 내용과 형식이 분리되어 취급될 수 없으며, 화자 개인은 자신 안에 이미 사회적 존재로서의 정체성을 담고 있기 때문이다. 따라서 개인만의 빠롤이나 개인의 고유성이란 존재하지 않을지 모르지만, 개인의 발화는 결코 그 이전의 사람들에 의해 존재했던 것, 주어진 것, 이미 준비된 어떤 것의 단순한 반영이나 표현만은 아니다.

화자 개인은 사회와 분리될 수 없는 존재로 규정되지만, 말하는 주체로서의 화자는 랑그에 속한 목록만을 활용하여 문법에 적격한 문장만을 생성해내는 기계는 아니기 때문이다.

> 발화 전체는 하나의 실체인데, 이는 랑그의 실체가 아니라, '언어적 의사소통'의 실체이다.
> 모든 발화 두 가지 국면을 지닌다. 한편으로는 랑그에서 기인하는 것으로 반복 가능한 국면이며, 다른 한편으로는 발화의 맥락에서 기인하는 것으로 유일한 국면이다.[58)]

이와 같이 개인의 발화는 의사소통을 위해 발화 상황 중에 생성되며, 그 안에는 동일한 언어공동체의 구성원들이 공유하는 랑그적 측면과 화자 개인과 발화의 맥락에서 기인하는 빠롤적 측면이 있다. 의사소통의 형식이 갖는 랑그적 측면과 빠롤적 측면을 이해하기 위해서는 우선 '랑그'와 '빠롤'의 개념을 중심으로 우리의 언어가 갖는 본질적 속성에 대해서 검토해 볼 필요가 있다.

1) 개인 발화의 빠롤적 측면

20세기 현대 언어학을 정립하면서 소쉬르는 언어를 '랑그(langue)'와 '빠롤(parole)'이라는 두 측면으로 나누었다. 랑그는 언어공동체가 공유하고 있는 사회적 규범으로서의 언어, 추상적이고 체계적인 언어

---

58) 최현무 역(1987), 츠베탕 토도로프 저, 『바흐찐, 문학사회학과 대화이론』, 까치, pp. 79-80.

목록으로서의 언어이다. 동일한 언어공동체에 속하는 화자들 사이에 공유된 하나의 체계로서 랑그는 각각의 개인이 같은 사전을 똑같이 복사하여 분배받은 것과 유사한 해당 공동체의 언어 관습이다. 이미 전 세대에 만들어진 관습들은 변화의 폭이 매우 적다. 반면에 빠롤은 개인마다 다르며, 공유되지도 않고, 순간적인 행위이며, 하나의 단위로서 원리를 가질 수 없고 따라서 과학적인 연구 대상이 되지 못한다. 간략히 말하자면, 랑그가 특정 발화자에 의해서 구체적으로 발화되면, 그것은 개인의 구체적인 언어활동인 '빠롤'이 된다.[59]

소쉬르는 빠롤과 랑그를 합쳐 '언어(le langage)'라고 명명하였다. 소쉬르가 설정한 연구 틀 속에서 수많은 개인차가 존재하는 빠롤은 언어학의 연구 대상에서 제외되고 '개인차의 최대 공약수'인 '랑그'가 현대 언어학의 주요한 연구 대상이 되었다.[60] 다음 도표를 참조하면 랑그와 빠롤의 특성을 비교해볼 수 있다.

[표 4] 랑그와 빠롤의 특성 비교[61]

LANGUE	PAROLE
social	individual
essential	contingent
no active individual	active role
not designed	designed
conventional	not conventional
furnishes a homogeneous	furnishes a heterogeneous
subject matter for a branch of social psychology	subject matter studied by different disciplines

59) 김형엽(2001), 『인간과 언어』, 한울 아카데미, p. 225.
60) 조명원 &이홍수(2004), 『영어 교육 사전』, 피어슨 에듀케이션 코리아, p. 444.
61) 김형엽(2001), 위의 책, p. 227.

그런데 소쉬르가 근대 언어학을 정립하기 위해서 설정한 랑그와 빠롤의 구분과 특성은 언어의 객관적인 실재라기보다는 사회적인 기호로서 언어가 가진 두 가지 대표적인 특성으로 이해하는 것이 언어 교육을 위해서는 더욱 생산적인 논의가 될 것이다. 특히 소쉬르는 빠롤 개념을 인간의 언어(le language)중에서 랑그를 제외한 나머지 부분으로 정의하고 있는데 이 부분에 대해서 명확히 설명하고 있지 않다. 그리고 랑그가 수동적이라고 하는 점, 빠롤이 개인적이라고 하는 점과 같은 랑그와 빠롤의 각 속성 역시 논란의 여지가 있다.[62]

예를 들어 바흐친은 과학으로서의 언어학을 정립하기 위해서 공시태의 차원에서 체계와 규범으로서 랑그를 강조하고 빠롤은 개인적 행위로 축소시킨 소쉬르와 그를 계승한 구조주의 계열의 언어학자들을 비판하였다.[63] 바흐친에 따르면 발화자 개인은 사회적 존재이며 발화의 구조와 의미 구성 양식은 언제나 의사소통을 전제로 하므로 '개인적인 언어 행위(parole individuelle)'란 말은 형용 모순 (形容矛盾)이다.[64] 1960년대 이후 발화 이론이나, 화용론, 사회 언어학이나 담화 분석 분야를 중심으로 언어학이나 언어 교육자들은 언어의 내적 구조와 체계인 랑그 안에서 언어의 의미를 기술하고자 했던 전통적인 랑그의 언어학을 확장시켜, '담화(discourse, discours)'로서 언어를 연구하기 시작하였다. 이런 맥락에서 '담화'는 학자마다 다른 의미로 사용되기도 하지만 일반적으로 소쉬르 이후 설정된 '랑그'나 '말하는

---

62) 김형엽, 같은 책, p. 228.
63) 정우향(2011), 『바흐친의 대화주의와 외국어 읽기 교육』, 박이정, p. 139.
64) Bakhtine, M. (1977), *Le marxisme et la philosophie du langage*, Les Éditions de Minuit, p. 141.

주체의 단일성'을 넘어 언어의 본질과 기능을 연구하기 시작하였음을 함축하는 개념이다.[65]

그러나 오늘날에도 여전히 랑그와 빠롤은 언어의 가장 대표적이며 상반되는 두 가지 특성을 가리키는데 유용한 개념이다. 외국어 교육의 측면에서는 언어의 형식 측면에 집중하는가와 언어의 사용 측면에 주목하는가를 결정하는 것과 같이 교수법적 노선이 달라질 수 있는데, 이것은 언어의 랑그적 측면과 빠롤적 측면에 대한 교사의 언어관의 차이 때문이다. 의사소통적 접근법 이후로 외국어 교사들은 '언어란 무엇인가'와 '언어의 어떤 특성과 측면을 가르칠 것인가'라는 질문에 대해 '의사소통'과 '의사소통 능력'이라는 개념을 중심으로 탐구하였다. 예컨대 위도우슨은 언어를 형식적 체계로서 보는 관점과 의사소통 사건으로서 보는 관점을 구분하여 다음과 같은 대조적 개념들로 구분하였다.

[표 5] 언어학적 범주와 의사소통적 범주[66]

언어학적 범주	의사소통적 범주
정확성	적절성
용법	사용
중요성	가치
문장	발화
명제	언표내적 행위
결속구조(cohesion)	결속성(coherence)
언어기능(예: 말하기, 듣기)	의사소통 능력(예: 청취하기, 이야기하기)

---

65) 정우향(2011), 위의 책, p. 144.
66) 심영택 외 역(1995), 위의 책, p. 196.

여기서 제시된 언어학적 범주와 의사소통적 범주 사이의 차이는 한마디로 외국어 교육학자들이나 현장의 교수자들이 취하게 될 언어관과 교육관의 노선을 암시할 수 있다 한 마디로 언어학적 범주는 '랑그의 언어학'의 관점이고, 의사소통적 범주는 '빠롤의 언어학' 또는 '담화의 언어학'의 관점이다. 외국어 연구자나 교육자들은 의식적이거나 무의식적으로 특정 언어관과 범주들을 선택하게 된다.

결론적으로 개인의 발화는 소쉬르적 의미에서 빠롤이나 랑그, 사회적 담화로서의 특성이 두루 섞여있다고 볼 수 있다. 개인의 발화는 공동체의 의사소통 규범이나 형식에 대한 긴장과 활용 속에서 의미가 발생하며, 발화자는 자신의 메시지를 전달하고자 한다. 문화적 주제에 대해서 말할 때, 의사소통의 내용을 중심으로 드러나는 개인의 문화적 정체성과 유사한 패턴으로 개인의 발화 역시 공통의 기호인 랑그를 준수하면서 자기만의 빠롤을 창조하고자 하는 무의식적, 의식적인 역동성과, 사회적인 관계망 속 다른 사람들의 담화들과 상호작용하면서 의미를 구성한다. 따라서 개인의 발화는 지금 이 순간에도 특정 언어공동체의 공통의 기호인 랑그의 모습과 지형에 영향을 주면서 창조되고 있는 동적인 것으로 인식되어야 한다. 크고 작은 사회집단 속에 속하나 무한히 변형되고 일탈을 꿈꾸는 인간의 존재론적인 특성은 개인의 의사소통의 역사에도 언제나 진행되고 있는 것이기 때문이다.

이와 같은 맥락에서 의사소통은 랑그를 바탕으로 탄생한 개인 발화의 빠롤적 측면을 이해한다는 것이기도 하다. 외국어 교육의 관점에서 개인 발화 안에 담겨진 빠롤의 측면을 가장 생생히 만날 수 있는 자료는 실재 자료(documents authentiques)[67]이다. 특히 원어민 화자들 간의 대화를 녹취한 자료들은 가장 자연스러운 빠롤의 모습들이 담겨 있다. 그런데 녹취한 대화 자료들을 언어 교육적으로 활용하는 문제를 논의할 때, 전사하는 과정에서 발생하는 사항들에 대해 논의할 필요가 있다. 발화를 녹음하거나 녹화한 후 다시 문자로 기록하는 과정에서 발생하는 문제들을 고려해보는 것은 언어 교육의 현장에서 실재 자료를 활용하는 문제들과 빠롤의 특성들에 대해서 성찰해보는 과정과도 연결되기 때문이다.

2) 발화의 전사

'전사(transcription)'란 음성 자료를 문자 형태로 기술하는 작업을 가리킨다. 대화를 전사할 때는 의미 전달 요소인 형태소 및 어휘 구성요인이 부각되므로 의미 관련 분야를 다룰 때 사용된다. 생성된 음성 자료를 실제로 전사하려면 연구나 이론적 탐구의 초점에 따라 전사 방법이 달라진다. 전사를 할 때 휴지나 중복 같은 담화 자질들을 표기하기 위해서 일정 부호를 사용한다. 전사의 표준화된 방법은 없고 연구자의 연구 초점에 따라 표기 방법이 변화될 수 있다.[68] 예를 들어 사회학 분야에서 담화를 수집하면 발화들을 전사하는

---

67) 실재 자료(documents authentiques)는 실제 의사소통을 위해 생산된 발화들을 출처로 하는 것으로서, 교육적인 목적으로 제작되지는 않았지만 교육 현실에서 사용 가능한 자료들을 말한다. 외국어 교육에서 실재 자료는 미 가공 자료들(documents bruts) 혹은 사회 자료들(documents sociaux)이라고도 불리며, 1970년대부터 이러한 실재자료들이 많이 활용되기 시작하였다. 반면에 제작 자료들(documents fabriqués)란 외국어 학습만을 목표로, 정확한 교육적, 언어적 기준들에 따라서 고안된 자료들을 지칭한다. Cuq, J. P.(2003), 위의 책, p. 29.
68) 한국 사회언어학 학회 편(2012), 『사회언어학 사전』, 소통, pp. 192-193.

과정에서 준언어적, 비언어적 지표들보다는 어휘와 같은 의미 관련 요인들이 더욱 중요하게 다루어진다. 쉽게 말하면 발화가 전달하고자 하는 내용이 발화의 형태보다는 중시되며, 구어 발화가 전사되는 과정에서 음성적 자질들은 독자에게 전달될 수 없다. 다음 발화는 프랑스의 사회학자 부르디외 연구팀이 수집한 『세계의 비참』에 수록된 어느 대학생의 발화이다. 인터뷰에 대한 답을 녹취하여 전사하였다.

- En quel cycle êtes-vous?

Emmanuel: DEUG histoire, on va essayer de faire le DEUG histoire, mais ça me paraît dur, la première année, vu qu'il faut qu'il reste un nombre d'élèves peu nombreux. En fait ils éliminent et la manière d'éliminer, c'est les examens, donc on élimine, je peux pas vous donner d'exemples précis, mais il suffit de voir le nombre d'inscrits par rapport au nombre de reçus, et là c'est plutôt dramatique. Ils veulent mettre 80% d'une tranche d'âge au bac. mais qu'est-ce qu'ils vont en faire après, parce que même cette année les effectifs ont baissé pour l'histoire. On est 22 000 étudiants toutes séries confondues à Clignancourt, en histoire, je ne sais pas combien. L'année dernière plus de 300, cette année, ils ont réduit à 250. Ça fait beaucoup en fait.[69]

엠마누엘: 역사학과 교양학부 과정에 있어요. 그런데 지금 남아 있는 학생 수를 보니, 저도 교양 과정을 다 마치기가 쉽지 않을

---

69) Bourdieu, P.(1993), *La misère du monde*, Éditions du Seuil, p. 1078.

거 같아요. 사실 많이들 떨어져 나가고 있어요. 학생들을 많이 떨어뜨리는 방법이 바로 시험이라는 거죠. 시험이라는 제도를 이용해서 학생들을 제거하는 거예요. 글쎄 정확한 예를 제시할 순 없지만, 하여간 입학했을 때의 학생 수와 지금의 학생 수만 비교해 봐도 금방 알 수 있어요. 일정한 나이의 학생들의 80퍼센트를 바칼로레아에 통과시켜 놓고서는 그 다음엔 그들을 모두 어떻게 하자는 건가요? 올해엔 역사과에서도 정원을 줄였어요. 클리낭쿠르만 해도 교양학부에 모두 2만 2천 명의 학생들이 있는데, 그 중 역사과에서 몇 명이나 받아들였는지 모르겠네요. 작년에는 3백 명 이상을 받았는데, 올해는 2백 50명으로 줄였다고 하더군요. 그만하면 많이 줄인 거 아닌가요?[70]

위 발화자는 교양학부 과정 중에 있는 프랑스의 대학생이다. 최대한 원래 발화 그대로를 녹음하여 전사했더라도 발화의 언어적 지표 위주로 독자에게 전달되고 있다. 독자들은 이 발화가 동반했을 준언어적, 비언어적 지표들을 알 수가 없다. 다음의 예는 한국의 현장 르뽀 연구자들에 의해서 수집된 자료인데 이 발화 역시 연구자의 초점이 내용 전달이므로 발화자의 언어적 특성이 간략화 된 것으로 짐작된다.

질문자: 주유소에서 일하면서 힘들지 않았어요?
청　년: 반말 하는 손님들 별로 안 좋아요. 영수증 갖다 주면 물 한 병 갖다 주라, 물 갖다 주면 휴지 하나 갖다 주라, 휴지

---

70) 김주경 역(2002), 피에르 부르디외 편, 『세계의 비참 Ⅲ』, 동문선, p. 1129.

갖다 주면 커피 한 잔 뽑아다 주라, 재떨이 비워 달라……
그러면서 한꺼번에 안 시키고 하나하나 시키는 손님들이
있어요. 그러면 화나죠. 비 오는 날이 제일 좋아요. 시원하
고 차창도 안 닦아도 되고요.(웃음). 일하는 건 하나도
어렵지 않은데 지겨워요. 정말 지루해요.

질문자: 제일하기 싫은 일은 어떤 일이에요?

청 년: 단순한 일이요. 단순하게 반복되는 일이 싫어요. 주유소에
서 일하면서도 그랬어요. 그냥 앉아서 일하다가 손님 오면
가서 기름 넣어드리고, 똑같은 이야기, 똑같은 일상이 싫
어요. 처음에 주유소에서 일할 때 한 달만 일하고 그만두
자 하다가 4개월쯤 일했네요.[71]

위의 '청년'은 대한민국의 주유소에서 아르바이트를 하는 20살
비정규직 노동자이다. 이 발화는 녹취한 사람에 의해서 한 번 더
걸러져서 기록되었기 때문에 청년의 원래 발화와는 좀 다른 모습을
가지고 있을 거라고 짐작된다. 사실 평소에 지하철이나 길거리에서
듣는 우리나라 청소년들의 말에는 '개~'와 같은 욕설 섞인 접두어가
빠지는 법이 없으며 정도의 차이가 있을지라도 대학생들까지도 마찬
가지이다. 직접 들은 말들이 아니어서 이 청년이 단순 노동에서 오는
지루함을 말했을 때 동반했을 한숨과, 욕설 섞인 접두어들, 감탄사들,
인터뷰 하는 사람을 고려해 최대한 걸렀을지라도 부지불식간에 튀어
나올 완결되지 않은 청년의 '평소' 단어들, 또는 자신의 말에 의식적
으로 집중하느라 발생했을 비언어적 신호들, 표정과 어조 변화 등을

---

71) 김순천 외 (2006), 『부서진 미래』, 삶 창, p. 163.

알 수는 없다. 위 발화만 보더라도 발화자가 전달하고자 하는 내용은 전달되지만 우리는 그의 언어가 동반했을 언어적 비언어적 측면의 많은 지표들을 놓치게 된다.

　　이주 노동자는 몇 번 우는지 몰라요. 어디서 발언할 때 한 번 내가 그런 얘기 했어요. 한강에 물이 얼만큼 있는지 잘 모르겠지만 이주 노동자들 눈물이 그것보다 더 많을 것이라고.[72]

위의 예는 한국에 거주하는 불법 체류 외국 노동자의 발화이다. 최대한 원래 발화에 맞춰 기록되었다고 할지라도 외국인 노동자의 발화가 단어나 문법 실수 없이, 말 사이의 간격이나 침묵, 반복이나 중언부언 없이 이렇게 어려운 한자어도 써가면서 발화되었을 가능성은 매우 적다. 이 사례 역시 발화의 내용 측면을 위주로 녹취된 것이다. 외국어 교육이나 문화 교육의 관점에서 보자면, 발화의 내용만을 위주로 녹취된 발화라고 할지라도 의사소통 상황에 맞는 다양한 문법이나 구문 표현, 어휘들을 포함하고 있다는 점에서, 또한 가상이 아닌 실제 발화라는 점에서 활용할 여지는 많다. 그러나 발화의 온전한 의미는 발화의 형식과 내용이 상호작용하여 만들어진다. 불법체류 외국인 노동자로서 한국 땅에서 살아가는 외로움과 고통을 말하는 이 발화의 전체 의미는 그가 발화 중에 내쉬었을 한숨과 어조의 변화, 제스처, 적절한 단어나 표현을 찾으면서 주저하는 말들, 문법적인 실수나 단어 선택의 실수 등 초기 발화의 형태 속에서 더욱 강화되고 드러나는

---

72) 김순천 외(2006), 『부서진 미래』, 삶 창, p. 352.

것이다. 위의 20대 비정규직 청년의 발화 역시 원래 발화되었을 때의 모습으로부터 내용 전달을 위주로 녹취되었을 가능성이 높다고 할 때, 그의 발화의 전체 의미 중 일부는 녹취 과정에서 생략된 비언어적 신호들이나 언어적 신호들에 포함되어 있다. 예를 들어 '불법 사람'이라고 스스로를 부르는 외국 노동자의 어휘는 그들만의 언어이고 한국인들에게 통용되는 표준어인 '불법 체류자'보다 더욱 호소력있고, 미숙한 한국어와 한국 사회에서 소외감을 느끼며 살아가는 그들의 현재 정체성을 더욱 잘 표현하는 어휘가 된다. 일반 한국인 화자들에 의해서 사용되거나 만들어지지 않았을 '불법 사람'이라는 어휘의 형태와 그 속에서 표현하고자 하는 지시적 의미는, 서로가 서로를 강화하여 발화자가 말하고자 하는 온전한 의미에 근접하게 된다.

다음의 사례는 언어학자에 의해서 전사된 것이다. 사회학이나 다른 분야에서 전사된 것에 비해 원래 발화의 모습이 좀 더 생생하게 전달된다.

> [사고로 반신불수가 된 환자(Monsieur ON)와 의사(Int)의 대화][73)
>
> Int: bon alors je voudrais que vous me disiez un peu qu'est-ce que c'est pour vous toutes...toutes ces choses...cette maladie.
> (자, 그러면, 당신에게 이 모든……모든 것들……이 병이 무엇을 의미하는지 내게 약간 말해주었음 하는데요.)
>
> ON: eh bien...cette maladie m'a beaucoup surpris comme un...ex-...

---

73) Salazar Orvig, A.(1999), *Les mouvements du discours*, L'Harmattan, p. 125.

exactement comme un accident...c'est toujours cette espèce.
(저……그러니까……이 병은 나를 아주 많이 놀라게 했는데,
마치……어떤……정확히 어떤 사고처럼……항상 그런 종류
의……)

Int: Oui(네)

ON: de traumatisme qui fait qu'on est surpris terriblement et...et
ce qui est...très traumatisant...c'est de...d'avoir la moitié de son
individu qui disparaît... et d'être euh...dépendant de tous les
autres...euh de façon très brutale.(일종의 트라우마, 우리를
끔찍하게 놀라게 하는……그리고 특히 고통스러운 것은……
한 개인의 반쪽이 사라지는 것……그리고 아주 갑작스러운
방식으로 다른 이들에게 의존하게 된다는 것이에요.)

위 발화를 보면, 자연스러운 구어 발화에서 나타나기 마련인 발화
와 발화 사이의 간격, 어휘를 찾고, 주저하고, 말하는 과정의 어려움을
겪는 과정이 독자에게도 전달된다. 우리도 일상의 의사소통에서 흔히
말하려는 바를 찾으면서 주저하고, 문장은 완결되지 못한 채 끊기고,
더듬거리며, 방금 한 말을 부정하기도 하며, 명확한 표현을 피한 채
함축과 암시에 머물기도 한다. 대부분의 일상 대화에서 말을 한다는
것은 준비된 원고를 읽는 것이 아니기 때문에 위의 발화에서처럼,
실제 발화에서 발화자들은 같은 어휘를 두 번 반복하기도 하고(toutes,
toutes), 같은 지시물을 말하기 위해서 다른 어휘를 사용하기도 하고
(ces choses, cette maladie), 대화의 도중에는 간투사들(bon, eh bien)
등이 나타나며, 대화 상대방과의 상호작용에 따라 대화의 리듬과

속도는 조절되고, 발화자들은 자신이 말하고자 하는 바를 표현하는 과정에서 서로 다른 의사소통상의 전략을 사용한다.

이와 같이 전사된 자료들은 어떤 연구 분야에서 녹취되었는가에 따라 개인 발화의 빠롤적 측면의 특성들을 다른 방식으로 담게 되고 부각시키게 된다. 내용 위주로 전사된 경우에는 발화의 내용적 측면에, 발화자가 사용한 언어적 단위뿐만 아니라 준언어적, 비언어적 단위들까지 전사된 경우에는 발화의 내용과 형식이 상호작용하는 측면까지 담게 된다. 따라서 전사된 발화 자료들을 사용할 때는 자료의 특성들을 분석하여 언어 교육과 문화 교육의 목표에 맞추는 작업이 중요하다.

외국어 교육의 쟁점이 되었던 가공 자료나 실재 자료[74]의 문제도 같은 맥락에서 고려해 볼 수 있다. 의사소통적 접근법 이후로 목표어 화자들의 실제 의사소통 상황에서 가져온 자료들을 활용하자는 논의들이 대두되었다. 그러나 외국어 교육에서 실재 자료는 학습자의 언어 수준과 관련되어 초급에서는 어휘나 구문의 난이도 조절이 어렵다는 점과 위도우슨도 지적한 바와 같이 자료의 실재성보다는 수용자 측면의 실재성이 적용되기가 쉽지 않다는 점을 고려해보아야 한다.[75] 학습자들이 자료를 통해서 구성해내는 의사소통 맥락의 '실재성'이 중요한데, 외국어 학습자들에게 실재 자료는 어렵게만 느껴질 수도

---

74) 실재 자료는 언어 학습을 위하여 고안된 자료가 아니라, 원어민 화자들의 실제 의사소통 맥락에서 생산된 다양한 장르에 속하는 발화들이 외국어 교육을 위해 사용되는 것이다. 실재 자료는 상송이나 광고 문구, 마을의 지도, 신문, 전자제품 사용 설명서 등 목표어 화자의 일상생활에서 수집되며, 따라서 목표 문화와 외국어 학습자를 친숙하게 연결 시켜주는 장점이 있다. Defays, J-M.(2003), 위의 책, pp. 263-265.
75) 오선영(2014), 「학습자 코퍼스 연구의 최근 동향」, 『현대 영어교육학 연구의 지평』, 서울대학교 출판부, p. 401.

있기 때문이다. 그러나 실재 자료, 특히 원어민 화자들의 대화를 녹음하고 녹취한 원어민 코퍼스들은 외국어 학습자가 목표어 공동체에서 실제로 의사소통되는 살아있는 빠롤의 모습들을 접할 수 있다는 점에서는 이론의 여지가 없다. 따라서 실재 자료를 수업에 활용할 때 발생할 수 있는 비효율성을 고려해서 프랑스어 교육자들의 경우에는 교재의 대화 모형들을 최대한 다양한 언어사용역(registre)을 고려하고 자연스럽고 살아있는 표현을 포함해서 만드는 경향으로 바뀌고 있다.[76] 특히 초급 학습자를 위한 교재와 수업에서는 실재 자료를 사용하는 것이 비효율적이므로 가공 자료인 교재의 대화 모형들 속에 최대한 의사소통의 실재성을 구현해내는 것이 중요하다. 다음 예는 초급 수준의 프랑스어 학습자를 대상으로 한 교재의 대화문인데, 대화 모형에 나온 표현들과 어휘들은 언어 사용역 측면에서 원어민 화자들의 실제 의사소통 상황의 모습들이 많이 반영되어 있다.

[대화 1]
- Et toi, ça marche la fac ? (대학교 생활은 어때?)
- Oui, super bien.(응, 짱 좋아) Je vais essayer de passer l'année de mon Mastère à Madrid...(마드리드에서 석사 1년을 해 보려구……)
- C'est génial d'être européenne, non ?(유럽인이라는 거 끝내주지 않니?)

---

76) "Il propose un ensemble de dialogues simples, vivants, et naturels qui à travers des situations de la vie quotidienne, revoient aux spécificités de la culture française et aux évolutions de la société française actuelle." Grand-Clement, O.(2007), *Civilisation en dialogues: Niveau débutant*, CLE international, p. 5.

[대화 2]

- Salut Benjamin ! (안녕! 벵자멩)
- Salut Lucas ! (안녕! 루카!)
- Ben...ça ne va pas ?...Qu'est-ce que tu as ?(어……뭐가 안 좋아? 문제 있니?)
- Problème de fric. Je viens d'apprendre que je n'aurai pas de bourse cette année.[77](돈 문제야. 올해에 장학금을 받지 못한다는 소식을 방금 들었거든.)[78]

[대화 3]

P: Alors, Benoît, où en es-tu avec Louise ? Tu tiens toujours à elle ? (그래. 브누와, 루이즈랑은 어디쯤 진도가 나간거야? 여전히 그 여자를 좋아 하는 거야?)

B: Je ne sais pas...Oui, je tiens à elle, il me semble. En tout cas, je pense souvent à elle. (나도 모르겠어……그래. 나는 그녀를 좋아해, 그런 거 같아. 어쨌든, 나는 그녀를 자주 생각해.)

P: Et elle, elle s'intéresse à toi ? (근데 그녀는? 그녀는 너한테 관심 있니?)

B: Aucune idée ! Elle est aussi réservée que moi, alors...(그걸 전혀 모르겠어. 그녀는 나만큼이나 내성적이거든. 그래서……)

P: Tu lui as dit que tu t'intéressais à elle ? (너는 네가 그녀에게 관심 있다는 것을 말했니?)

B: Tu plaisantes ! Bien sûr que non ! (너 지금 농담하니? 당연히

77) Grand-Clement, O.(2007), 위의 책, p. 46.
78) Grand-Clement, O.(2007), 같은 책, p. 46.

말 안했지.)

P: Pourquoi ≪bien sûr que non≫ ? ! Tu as peur d'elle ? (왜 "물론 말 안했지"라고 하는 거야?! 너 그녀가 두렵니?)

B: Non, je n'ai pas peur d'elle, j'ai simplement peur qu'elle se moque de moi ! (아냐, 난 그녀를 두려워하는 것은 아냐. 단지 그녀가 나를 비웃을까봐 두려울 뿐이야!)

P: Tu es vraiment idiot ! Tu es amoureux d'elle, c'est tout !(너 정말 바보구나! 너는 그녀와 사랑에 빠진 거야. 그것 뿐 이야!)

B: C'est toi qui le dis !(그렇게 말하는 거는 너 생각이지!)

P: Mais non ! Tu es fou d'elle, moi je le vois bien ! Mais tu es encore plus timide qu'elle...Vous deux, vous êtes extraordinaires ! (절대 아냐! 너는 그녀한테 반해있어. 나는 분명히 그게 보이는걸! 그러나 너는 그녀보다 더 소심하다구……너희들, 둘 다 참 특이해!)[79]

위 대화문 1과 2는 프랑스어 초급 학습자를 위해 프랑스 현지에서 출판된 FLE 교재의 대화모형들이다. 저자는 최대한 실제 프랑스 대학생들이 많이 사용하는 줄임말들[80]과 속어 표현, 간투사까지 포함해서 자연스러운 대화들로 구성하고자 하였다. 대화문 3은 2007년도에 프랑스에서 출판된 외국인들을 위한 프랑스어 중급 문법 교재에 나온 것이다. 위의 대화 모형의 학습 목표는 강세형 대명사(pronoms personnels toniques)을 익히는 것이다. 전 세대의 문법 교재에서는

전혀 만날 수 없었던 실생활의 어휘와 표현들을 담은 대화 모형이 제시되고 있다. 위 대화는 실제 프랑스 젊은이들 대화에서 사용되는 속어 표현들이나 양태 표현들, 구어에서 말을 시작할 때나 주저할 때 나타나는 간투사들, 말줄임표들을 간략하게나마 포함하고 있다. 한마디로 위 대화는 교재 집필자에 의해서 만들어진 대화임에도 불구하고 실재 자료의 특성을 최대한 담고 있다. 그러나 중급이나 고급 학습자들일 경우, 외국인 학습자를 위해 가공된 자료들만 사용하는 것은 목표어 화자들과의 자연스러운 의사소통 상황을 대비하기 위해선 한계가 있다. 또한 발화자마다 다른 의사소통 전략이나 문체적 특성이 나타나는 빠롤 측면의 풍부한 면을 경험하기 위해서는 사회언어학적 관점에서 다양한 화자들(성, 인종, 계급, 직업, 종교 등)에 의해서 중요한 문화적 주제를 대상으로 발화된 실제 대화들을 전사한 자료들을 활용하는 것이 필요하다. 사회학자들이나 언어학자나 언어교육학자들에 의해서 녹취된 대화 자료들이 다양한 의사소통 상황별로 구축된다면 외국어 교육이나 문화 교육을 위해 풍부하게 활용될 수 있을 것이다. 드패에 따르면 실재 자료는 언어적(linguistique), 의사소통적(communicatif), 문화적(culturel)인 측면에서 다양한 목표를 달성하기 위해 활용될 수 있다. 특히 실재 자료가 목표어 사람들이 일하고 노동하며 여가를 즐기는 일상생활 속에서 도출되었다는 점에서 실재 자료와 문화 교육의 연결은 필수불가결 하다.[81]

지금까지의 논의를 요약하자면 빠롤은 개별화된 언어, 개인의 언어

---

81) Defays, J-M.(2003), 위의 책, pp. 263-265.

이고, 개인의 언어활동은 해당 언어공동체가 제시하는 언어 단위들의 '의미-지시상의 잠재적 가치'[82)를 활용해서 자신의 새로운 가치와 의미를 만드는 작업이라고 말할 수 있다. 개별화된 발화인 빠롤을 생산하고 이해하는 과정을 통해서 우리는 인간의 의사소통의 참모습을 만날 수 있다. 우리는 외국어 교육의 교재들이 실재 자료의 특성을 최대한 고려하여 문법의 예문이나 회화 교재의 대화 모형을 구성하더라도 구체화된 발화인 빠롤의 다양한 모습을 교재의 예문들 속에 창조해낼 수는 없다는 점을 지적하였다. 따라서 중급 이상의 외국어 학습자들은 원어민 화자들의 발화를 녹취한 자료들을 통해서, 목표어로 발화된 빠롤의 모습을 만나야 한다. 특히 목표어 사회의 주요한 문화적 주제를 다루는 발화들을 활용한다면 우리는 목표어 사회의 문화의 내용과 그것을 표현하는 개인과 집단의 언어들을 만나게 된다. 외국어 교육자들은 각 강좌의 목표에 따라 사회학이나 문화 인류학, 심리학 분야에서 수집해놓은 다양한 계층과 성별, 나이에 속하는 화자들의 발화들을 실재 자료로 활용하면서 목표어에 대한 지식뿐만 아니라, 인간의 의사소통에 대한 성찰을 하는 기회를 제공하여야 한다.

---

82) 우리는 일상에서 언어를 사용할 때 사전이나 문법 속에 설명되고 있는 관습적인 용법들을 사용하기도 하고, 의사소통의 상황 문맥(contexte)속에서 새롭게 변형시켜서 사용하기도 한다. 여기서 '의미-지시적인 측면의 잠재적 가치(potentialités sémantico-référentielles)'란 여러 상황 문맥 속에서 프랑스어 사용자들이 반복하여 관습적으로 사용해온 용법의 목록 속에서 지시할 수 있는 다양한 의미들(valeurs répértoriées)을 말한다. Salazar Orvig, A.(1999), *Les mouvements du discours*, L'Harmattan, p. 151.

3) 개인 발화의 랑그적 측면

그런데 개인 발화는 공동의 의사소통의 형식이자 체계라고 할 수 있는 랑그를 바탕으로 이루어진다. 그러나 소쉬르적 랑그 개념은 더 넓은 차원에서 랑그적 특성으로 언어 교육자들에게는 이해되어야 한다. 어휘나 문법의 사전적 용법뿐만 아니라 특정 언어공동체의 담화 관습, '의사소통의 문화'라는 차원에서 보았을 때 존재하는 수많은 암묵적인 규범들 역시 발화의 랑그적 측면이기 때문이다. 외국어 학습자들은 목표어로 의사소통 능력을 신장시키기 위해 목표어 화자들의 언어 사용의 일반적인 특성, 랑그적 특성과 눈앞의 의사소통 상대방의 발화에서 발견되는 고유한 특성, 빠롤적인 특성에 동시에 주목하여야 한다.

무엇보다 외국어 학습은 목표어 집단의 의사소통 형식을 배우는 과정이다. 전통적인 언어 교육의 대상이었던 어휘나 문법 학습뿐만 아니라 의사소통적 접근법 이후 외국어 교육 분야에 폭넓게 수용되었던 언어적, 비언어적 의사소통 수단들의 항목들을 통해서 외국어 학습자들은 목표어 공동체의 의사소통 형식들을 배운다. 다음 절에서는 개인 발화자가 선택할 수 있는 공동체의 의사소통 형식들을 검토해보면서 소쉬르의 개념인 '랑그'를 특정 공동체의 언어 사용 규범이라는 '의사소통의 랑그적 측면'들로 확장시켜 이해해보고자 한다. 의사소통의 랑그적 측면들은 특히 특정 공동체의 언어 사용 습관과 문화의 특성이 만나는 지점의 항목들에 해당되며, 외국어 교육의 관점에서나 문화 교육의 관점에서 모두 중요한 분야이다. '의사소통 능력의 신장'이라는 외국어 교육의 목표를 위해서 또 폭넓게 '다른 사람, 다른 문화와의 소통'이라는 교육적 가치의 측면에서 외국어 수업의 교재와 수업 내용에 포함되어야 한다.

3.2. 공동체의 의사소통 형식

랑그(langue)는 한 언어 내에 객관적으로 내재되어 있는 체계이며 동일 공동체의 화자들에게 동일한 규칙 형태로 존재한다. 정해진 사회 범위 내에서 공동체의 구성원이 언어라는 수단으로 의사소통하는 것을 가능하게 하는 랑그는 특정 언어공동체가 공유하는 기호로서의 언어를 가리킨다. 그런데 이러한 랑그로서의 언어 개념은 외국어 교육에서는 목표어의 규범에 대해서 가르치는 문법이나 어휘 교육에 반영되어 왔다. 그러나 어휘나 문법 항목뿐만 아니라 목표어의 언어 공동체가 의사소통하는 형식에는 해당 공동체의 언어 사용의 규범적 측면이 포함되어 있다. 의사소통의 형식이자, 언어 사용의 규범적 측면은 특히 해당 공동체의 문화적 특성과 불가분의 관계를 이룬다. 따라서 공동체의 의사소통의 형식은 외국어 교육과 문화 교육이 연결되어야 하는 지점이라고 할 수 있다. 지금부터 살펴 볼 항목들은 언어 교육이나 문화 교육의 측면에서 모두 중요한 공동체의 의사소통 형식들에 해당된다.

3.2.1. 언어적 의사소통 수단

이번 절에서는 언어적 의사소통 수단에 관련된 공동체의 의사소통 형식들을 살펴보도록 한다. 발화 안에 언어 단위들에 포함되지만, 공동체의 전통이나 관습, 사고방식과 가치관, 의사소통 상황을 인식하는 특정한 방식들이 포함된 항목들이 해당된다.

1) 관용어구

관용어(idiom, idiome)는 '관용 표현'이나 '숙어'라고 불리기도 한다. 관용어구들은 둘 이상의 어휘소가 결합된 복합체이지만 구성 성분들의 의미의 합이 아닌 제 3의 의미로 해석되어야 하는 언어군이므로 단어별로 사전을 찾아서는 그 의미를 파악하기 어렵다. 형식이나 의미가 고정되어 화석화(化石化)한 형태이다. 일반적으로 관용어를 가려내는 기준으로는 의미론적, 통사론적, 사회 언어학적 기준 등 세 가지를 들 수 있다.

예를 들어 '이번 시험에서 철수가 미역국을 먹었다.'라는 예는 첫째 의미면에서 '낙방(落榜)하다'라는 뜻이다. 그런데 문장의 구성성분인 '미역국'이나 '먹다'라는 어휘소를 합성해도 '낙방하다'라는 의미가 될 수 없다. 관용어는 이와 같이 의미면에서 제 3의 의미가 생겨나 새로운 단어나 마찬가지로 사용된다는 특성이 있다. 둘째로 '미역국을 먹다'는 통사적 측면에서 변화되지 않는 구조적인 고정성을 지니게 된다. '철수가 미역국을 맛있게 먹었다.' '이번 시험에서 철수가 미역국을 마셨다.' 등과 같이 구조가 확장되거나 수식어가 사용될 수 없다. 셋째, 사회 언어학적 측면에서 관용어는 관습성이라는 특성을 보인다. '낙방하다'라는 뜻을 재미있게 표현하려는 의도에서 화자들 사이에 수용되고 관습화가 되면 '은유 표현→사은유화→관용어'와 같은 전이과정을 거친다고 이해할 수 있다.[83]

한국어에서 관용어의 예는 다음과 같다.[84]

개밥에 도토리 → 격에 맞지 않거나 어색한 상황
하늘에 별따기 → 아주 어려운 일, 거의 불가능한 일
식은 죽 먹기, 누워서 떡먹기, 땅 짚고 헤엄치기 → 쉬운 일
그림의 떡 → 현실적으로 이루어지기 어려운 희망
콩가루 집안 → 질서나 사랑이 결여된 집안
새 발의 피 → 아주 사소한 일
바람맞다 → 약속 어김을 당하다
국수 먹다 → 결혼하다

위의 예들을 보면 속담[85]도 관용 표현의 일종으로 취급되고 있으며, 관용어들에는 한국인의 전통이나 가치관, 관습이 녹아들어가 있다는 점을 알 수 있다. 프랑스어에서도 관용 표현(idiome, expression

---

83) 국어 교육학 사전, 『서울대학교 국어교육 연구소』, 대교출판, p. 68
84) 박영순(2006), 『외국어로서의 한국어 교육론』, 월인, p. 213.
85) '속담'은 최창렬(1999:21)에 따르면 "화자가 자신의 표현 의도를 감화적으로 청자에게 전달하기 위해 사용하는 관용 표현의 일종"이다. 구체적인 어휘를 바탕으로 한 비유 표현들이 많고 형식이 간결하고 대중적이며 교화와 풍자의 기능을 지닌다. 즉 속담은 민중의 경험과 교훈에서 우러난 진리를 지닌 은유적인 표현의 관용어로서 정의될 수 있다. 박영순(2006), 같은 책, p. 214.

idiomatique)은 한국어에서처럼, 프랑스인들 사이에서 오랫동안 습관처럼 사용되어온 표현들을 가리킨다. 관용 표현을 말하는 어휘들에 공통적으로 포함되는 'idio'라는 부분은 '특별한, 고유한(particulier, propre à)'이란 의미를 담고 있다. 로베르 사전에 따르면 관용어는 한 공동체의 고유한 표현 수단으로 파악된 언어[86]이다. 따라서 'idiome'이란 어휘는 'langue'와 동의어로서 종종 사용되기도 한다. 즉 특정 언어공동체의 의사소통 수단으로서 통용되는 굳어진 표현들을 말하며,[87] 각 단어의 의미들만으로는 예측할 수 없는 더 큰 언어적 총체의 의미를 가질 때 관용어라 한다.[88] 영어나 프랑스어에서도 관용어는 단어나, 숙어, 문장 단위에서 사용되고 있다. 'Don't count your chickens before they're hatched(줄 사람은 묻지도 않고 김칫국부터 마신다)' 등은 문장 차원의 관용어이고 'He has a case of the blues'에선 'blues'는 '마음이 울적함'을 의미하는 것으로 단어 차원에서 사용된 관용어이다.

프랑스어에서도 단어와 구, 문장 등에서 사용되는 관용어구들은 프랑스 민족이 축적해온 지혜와 상식, 가치관 등이 구체적이고 쉽고 간결한 어휘들과 비유적 표현으로 되어있다. 예를 들어 프랑스어 격언인 'On ne fait pas d'omelette sans casser les oeufs.'는 직역하면, '계란을 깨뜨리지 않고는 오믈렛을 만들 수 없다'라는 의미로서 격언에 속하는 관용어구이다. 이 격언의 속뜻은 '목적을 이루기 위해서는 희생이 불가피하다'로서 단어 하나 하나의 의미의 총합을 넘어서는

---

86) Rey-Debove, J.(1985), *Le Robert méthodique*, Larousse, p. 704.
87) Cuq, J. P.(2003), 위의 책, p. 123.
88) 조명원 &이홍수(2004), 위의 책, p. 355.

비유적 표현이 사용된 관용어구이다. 다음 몇 가지 예들은 프랑스어에서 사용되는 속담들[89]로 프랑스인들의 사고 체계의 단면을 엿볼 수 있게 하며, 우리말 속담에도 비슷한 뜻을 가진 관용어들을 찾아볼 수가 있다는 점에서 상호 문화적 관점에서도 흥미롭다.

- Il n'est si bon cheval qui ne bronche.
  (실수하지 않는 사람은 없다)
- Les chiens aboient, la caravane passe.
  (남이야 뭐라 하건, 자기 주관대로 해라)
- Il ne faut pas discuter des goûts et des couleurs.
  (취향과 색깔은 논하지 말아야 한다)
- Autant de têtes, autant d'avis.
  (各人各色)
- Quand la jument est sortie, il n'est plus temps de fermer l'étable.
  (소 잃고 외양간 고친다)
- Le poisson dément sa coquille.
  (겉과 속이 다르다)

이와 같이 관용어나 속담, 격언 등은 한 언어공동체의 구성원들의 가치관이나 생활 양식, 관습 등을 담은 문화적 배경 속에서 만들어져 축적되어 온 것이고, 속담이나 격언처럼 목표어 화자들에게서 사용될 때 교훈이나 풍자와 같은 화용적 기능을 가지며, 사전의 1차적 의미들만은 속뜻을 알 수 없는 경우도 많기 때문에 외국어 교육과 문화

---

89) 김은정(2008), 『어휘를 통한 프랑스 문화 교육』, 서울대학교 교육학 석사 논문, p. 109.

교육의 대상이 된다.

2) 장르[90]

장르(genre)는 원래 프랑스어에서 온 용어이다. 프랑스어에서 'genre'는 일반적으로 종류(sorte), 양식(façon, manière)이라는 뜻으로 사용되며 "문학 연구의 전통에서는 소설, 자서전, 극, 서사, 우화 등 한 작품이 속하는 범주"를 나타내는 용어이다.[91] 장르는 모국어와 외국어 교육 분야에서 공통적으로 많이 연구되고 있는 분야이다. 그것은 '장르'가 의사소통 상황과 밀접히 연관되어 있는 개념이며, 언어활동의 생산(production)과 이해(compréhension) 영역 모두와 관련이 있기 때문이다.

전통적인 장르 이론에서는 장르는 첫째, 주로 문학 분야에서, 둘째, 텍스트의 형식과 내용의 규칙성에 의해 전적으로 규정되며, 셋째, 고정되어 불변하고, 넷째 상호 배타적인 범주와 하위 범주를 갖는다.[92] 오늘날 장르는 문학이론이나 언어 교육 분야의 학술적인 용어라기보다는 우리의 일상적인 의사소통 생활에 구체적으로 개입하는 실제적인 규칙으로서 그 개념이 확대되고 있다.

바흐친에 따르면 사회적 행위로서의 담화는 공동체 구성원들 간의 효과적인 의사소통을 위해 반복되는 의사소통 상황 별로 일정한 유형을 만들어 낸다. 이것이 해당 언어공동체의 구성원들이 공유하게

---

90) 장르에 관한 내용은 정우향(2011), 위의 책, pp. 249-274를 보면 자세히 알 수 있다.
91) 서울대 국어교육 연구소 편(1999), 『국어 교육학 사전』대교출판, p. 655.
92) Freedman, A.&Medway, P.(1994), *Genre and the new rhetoric*, Taylor& Francis, pp. 1-4.

되는, '발화문들의 상대적으로 안정된 형식'인 담화의 장르(genre du discours)이다.[93] 일상의 의사소통의 관점에서 장르의 기능과 역할을 강조했던 바흐친의 장르 개념은 북미 수사학파(North American Rhetoric) 계열에 속하는 밀러와 같은 연구자들에 이르러 더욱 심화되었다. 예를 들어 밀러는 장르를 사회 문화적 맥락 내에서 발생하는 사회적 행위 유형으로 정의한다. 그에 따르면 장르는 '반복되는 상황에 대한 전형화 된 수사적 행위(genres as typified rhetorical actions based in recurrent situations)'이다.[94] 바흐친과 밀러의 관점에서 장르는 해당 언어공동체의 일상 의사소통 상황에 실제적으로 개입하는 도구와 같은 것이다.

일상생활에서 장르는 반드시 특정한 본질, 한 특정한 기능, 또는 특정한 변별 특징들에 대한 언어적 지식을 통해서가 아니라, 사회적 존재이자 언어공동체의 구성원으로서 가지고 있는 경험적 지식을 통해서 인식된다.[95] 우리는 생활 속에서 신문기사, 보고서, 제품 사용 안내서, 연애편지, 요리법 등 무수히 많은 장르 명칭들을 '장르' 개념을 의식하지도 않고 사용한다. 그러나 우리는 제품 사용 설명서는 어떤 순서로 설명될 것인지, 동화라면 어떤 플롯을 가지는지 대략적으로나마 알고 있다. 이것은 장르가 담화 공동체의 효과적인 의사소통을 위해 만들어진 제도로서 사회 문화적 맥락의 소산이기 때문이다. 또한 장르 지식은 문화화의 과정을 통하여 전수되는 것으로, 우리

93) Bakhtine, M. (1984), *Esthétique de la création verbale*, Gallimard, p. 284.
94) Freedman, A.&Medway, P.(1994), 위의 책, p. 34.
95) 박여성 역(1996), 지크프리트 J 슈미트 저, 『미디어 인식론 : 인지 텍스트 커뮤니케이션』, 까치, p. 227.

는 평생에 걸쳐 사회의 공인된 의사소통 유형으로서의 장르에 대한
지식을 학습하게 된다.

따라서 우리는 언어와 의사소통 상황의 맥락에서 나온 정보를 통하
여 장르를 인식하게 된다. 드패에 따르면 각 장르들은 다음과 같이
내적인 특성과 상황에서 발생하는 특성에 의해서 구별된다.

[표 6] 장르의 특성을 만드는 요소들[96]

Aspects internes:	Aspects situationnels:
— les sujets abordés(scientifiques, pratiques, sentimentaux...);	— la personnalité, le statut, le nombre des interlocuteurs et leur rapports(égaux, dominants/dominés, inconnus...),
— les objectifs(émouvoir, informer, convaincre, imposer...);	— l'endroit(à la maison, au travail, dans la rue...)...
— le langage, le style utilisé(soutenu, familier, populaire);	— et le moment où la communication a lieu(le matin, le week-end, la veille de Noël...);
— la forme(vers, dialogue, exposé, structuré...)	le support utilisé(en tête-à-tête, au téléphone, par courrier, dans le journal...).
— l'organisation séquentielle: le récit, la description, l'argumentation, l'explication, le dialogue;	
— les références à d'autres discours(citation, bibliographie...).	

---

96) Defays, J-M.(2003), 위의 책, p. 67.

마틴의 장르 모형에 의하면 장르는 문화 맥락에 의해서 결정되며
화자의 언어 사용역은 의사소통 상황 맥락에 의해서 결정이 된다.
구어로 실현되었든 문어로 실현되었든 한 발화는 상황 맥락과 문화
맥락의 상호작용에 의해서 결정이 된다. 그런데 매번 의사소통에
따라 바뀌는 상황 맥락에 비해 문화적 맥락은 각 언어공동체별로
전형적인 특성을 지닌다. 문화 맥락의 차원에서 보면 장르는 단계적
이고 목표 지향적인 사회화 과정과 관련되어 있다.97)

[그림 1] 마틴의 장르 모형98)

97) 박태호(2000),『장르 중심 작문 교수 학습론: 심리학·수사학·언어학의 만남』, 박이
정, p. 179.
98) 박태호(2000), 같은 책 p. 92에서 인용. 'Register'는 언어 교육에서 일반적으로 통용되
는 어휘인 사용역으로 바꾸어 번역하였다.

예를 들어 자동차 판매원이 소비자를 만나는 의사소통 상황을 생각해보자. 판매원은 먼저 정중하게 인사를 하고 자신의 신분을 밝히고 난 후 매장에 방문한 목적을 질문하면서 소비자의 취향에 맞는 차종을 소개하고 반응을 살피는 대화들을 이어나갈 것이다. 이런 의사소통 상황의 단계마다 장르에 대한 지식이 개입한다.[99] 인간의 사회적 행위와 의사소통 상황은 유사하게 반복되는 측면이 강하다. 우리의 삶의 리듬과 시간의 짜임, 타인들과 교류하면서 사회적 상호작용을 수행하는 모습은 고대와 현대가 크게 다르지 않을 수 있다. 고대에서도 마음에 드는 이성에게 결혼해달라고 청혼을 했을 것이며, 미안한 일이 있을 때 사과를 했을 것이고, 이해관계가 충돌했을 때 거절하거나 설득하고자 했을 것이다. 예를 들어 정치가의 대중 연설 상황은 광장에 청중을 모아놓고 하던 고대 그리스나 TV를 보는 시청자를 대상으로 하는 현대에도 존재한다. 현대의 '연설문'은 과거의 연설문과 비슷한 속성을 공유할 것이다. 인간의 문화적 소산으로서의 '정치제도'와 이와 연관해서 발생하는 의사소통 상황은 매체의 변화나 발화 참여자들의 지위 측면에서 당대의 사회 문화적 배경에 따라 세부사항은 다르지만 정치가의 연설문 장르로 묶을 수 있는 비슷한 유형을 공유하고 있다. 예를 들어 취임사, 애도사, 연설 등의 경우 비록 시대적 변화의 추이나 당대의 사회 문화적 맥락에 따라 약간의 차이는 있지만 비슷한 유형을 공유하고 있는데, 이러한 유사성은 인간의 삶에서 반복적으로 발생되는 상황이 가지고 있는 유사성으로부터 기인한다. 인간은 되풀이되는 의사소통 상황에 대한 경험을

---

99) 박태호(2000), 같은 책, p. 94.

바탕으로 장르에 대한 지식을 만들어 나가며, 이러한 관점에서 장르에 대한 지식은 해당 공동체의 문화적 맥락에 대한 지식이다. 또한 장르의 사회적 속성은 사회 문화 구성원간의 사회적 상호작용과 관계가 깊다.

요약하면, 현대적인 장르 이론의 관점에서 '장르'는 형태적 특성에 따라 텍스트를 분류하는 추상적인 기준이 아니라, 일상생활의 의사소통에 반드시 개입하는 실제적인 규칙이며 사회 문화 구성원들 간의 의사소통을 실현시키는 도구이다. 각 언어 문화 공동체는 장르를 이용하여 의사소통을 하게 되며, 장르에는 공동체 구성원들이 가지고 있는 가치나 신념 및 태도 등이 반영되어 있다. 따라서 모국어 및 외국어 교수/학습에서 일상 의사소통들을 구성하는 미시 장르[100]들의 형태 및 내용적 특성을 주목하는 것은 의사소통 능력 향상뿐만 아니라 문화 교육의 관점에서도 중요하다.

3) 대화 구조

각 국가는 자신들의 고유한 역사와 문화적 배경 속에서 자신들만의 의사소통 규범을 발전시켜 왔다. 예를 들어 대화의 시작과 마무리는 모두 일정한 구조로 조직된다. 대화 참여자들이 서로 협조하며 상호 작용적으로 말 순서(tours de paroles)를 교환하는 인접쌍(paire adjacente)을 토대로 이루어진다. '전화 대화'에서 대화 열기는 전화벨

---

100) 미시 장르란 거시 장르와 대비되는 개념이다. 거시적인 차원에서 장르의 유형은 설명적인 글, 설득적인 글, 서사적인 글 등으로 구분할 수 있다. 미시적 차원에서 장르는 구체적인 상황과 형식에 따라 '무작위 노트, 교수요목, 허구적 소설, 진보된 보고서' 등과 같은 명칭으로 구분된다.

(호출)과 전화 받기(반응)이라는 인접쌍과 인사-인사 인접쌍으로 이어지는 단계를 거치면서 전화 건 사람과 받은 사람을 확인하고 전화 건 이유를 말하는 대화 단계로 이어지게 된다.[101] 이와 같이 대화 분석(analyse conversationnelle)과 '상징적 상호작용(interactionnisme symbolique) 이론' 등은 일상 대화에서 말 순서 취하기, 인접쌍 등 대화의 구조와 언어와 맥락 사이의 관계에 관심을 갖는다. 특히 상징적 상호작용 이론이나 의사소통 민족지학 계열의 연구자들은 우리가 일상생활에서 사용하는 언어를 사회 문화적으로 구성된 상징체계들로 간주한다. 의사소통 민족지학은 이와 같은 의사소통의 구성 요소들이 해당 문화 안에서 어떠한 규칙과 지배적인 방식으로 상호 연결되어 있는지 밝힘으로써 각 언어공동체의 언어 사용에 대한 체계적인 지식을 확충할 것을 목표로 한다.[102] [103]

예를 들어 고프만과 굼퍼즈를 중심으로 발전한 상징적 상호작용 접근에서는 구체적인 사회적 행위로서 언어가 어떻게 그 의미와 구조를 반영하는지에 대해 기술하고자 한다. 이들의 관점에 따르면, 우리의 언어활동은 서로 다른 국가와 인종, 지역, 사회 문화적 배경을 가진 화자들이 상호작용적 목적을 성취하기 위해서 일정한 방법으로 수행되어온 관례들에 따라서 조정된다. 즉 발화자와 발화 상대방에 따른 호칭과 존칭의 체계, 말 순서 교대의 암묵적 규칙, '체면'이나

---

101) 한국 사회언어학 학회 편(2012), 『사회언어학 사전』, 소통, p. 45.
102) 의사소통의 민족지학은 근본적으로는 인류학의 민족지학(ethnographie)의 관점을 출발점으로 했기 때문에 모든 언어와 언어공동체에 적용할 수 있는 일반적인 의사소통의 구조와 기능을 밝히고자 하기보다는, 각 민족 간의 의사소통 양식에 대한 경험적 관찰과 비교 연구(étude comparative)를 선호하며 이와 같은 연구 방법은 사회언어학의 양적 분석(analyse quantitative) 방법과는 대조된다.
103) 심영택 외 역(1995), 위의 책, p. 246.

'영역', '예의', '상호작용의 관례들' 등과 같은 의사소통 상의 주요
문제들은 우리가 일상 언어를 사용하면서 자신이 속한 언어공동체의
문화적 가치와 정체성을 협상하고 강화시키는 과정과 긴밀히 연결되
어 있다.104) 고프만에 따르면 일상의 대화들은 '관례적인 제약들
(contraintes rituelles)'이란 개념을 통해서 분석될 수 있다. 다음의
대화를 보도록 하자.

1. A: Vous avez l'heure, s'il vous plaît ?(시계 있으세요?)
2. B: Bien sûr, Il est cinq heures.(물론이지요, 5시예요)
3. A: Merci.(감사합니다)
4. B: (geste) Je vous en prie.(별말씀을요)

위의 대화는 지나가는 행인들 간에 발생한 것이다. 발화 1은 시간을
묻는 요청과, 대화 상대방 B를 잠재적으로 침범하는 행위처럼 간주될
수도 있는 요청 행위를 전략적으로 무마시키고자 하는 신중함이 's'il
vous plaît ?'에 나타난다. 발화 2는 B에 의한 요청의 수용과 요청에
대한 대답으로 구성된다. 발화 3에서는 A는 B에게 대답해준 것에
대한 감사를 표현하고 발화 4에서 이것에 대한 만족감이 동작으로
표현되고 'Je vous en prie'를 통해서 B는 자신의 행위의 가치를 극소

---

104) '체면(face)'은 두 사람 이상의 대화에서 대화 상대방에게 나타내 보이고자 하는
긍정적인 이미지를 가리킨다. 고프만은 우리의 의사소통을 긍정적인 체면(face
positive)을 위한 노력과 자유롭고 간섭받지 않는 욕구인 부정적인 체면(face
négative)으로 설명하였다.'territoire(영역)'는 'face(체면)'과 연관된 개념으로서 의
사소통 할 때, 발화자와 상대방의 자율성 보호를 위한 신체적이며 시공간적, 상징적
인 범위를 말한다. 'politesse(공손, 예의)'는 어느 사회에나 존재하는 존대와 공손에
대한 특별한 의사소통의 방식을 말한다.

화시키면서 대화는 종결되고 있다. 정리하면 위의 대화는 다음과 같은 일상의 관례로서 이루어졌다.

1. A: 요청(requête)/신중함(précaution)
2. B: 수용(acceptation)/대답(réponse)
3. A: 감사(gratitude)
4. B: 평가(appréciation)/ 극소화(minimisation)

이와 같이 우리가 일상 속에서 수행하는 수많은 대화들은 해당 공동체의 문화에 따라 일정한 구조와 패턴으로 조직된다. 사회 언어학이나 문화 인류학 분야에서 이루어진 대화 분석 연구들은 특정한 언어공동체 내에서 암묵적으로 일상의 담화를 조직하는 관례들과 형식적인 규칙들을 조명해준다는 점에서 외국어 교육과 문화 교육을 위해서 공통적으로 참고해야할 부분이다. 예를 들어 한국어의 대화에서 체면 유지 전략이나 대화의 시작과 종결, 감사를 표시한 후의 대답하는 방법 등도 암묵적으로 한국인들의 문화적 맥락과 연결되어 진행된다. 다음 예를 보도록 하자.

[상황]
아는 분의 집을 방문합니다. 방문하는 분은 집 주인에게 줄 선물을 준비해 갑니다.[105]
① 주인: 어서 오세요. 바쁘신데 이렇게 와 주셔서 감사합니다.

---

105) 강승혜 외(2010), 『한국 문화 교육론』, 형설 출판사, p. 242. 숫자 표시는 필자가 첨가하였다.

② 손님: 저, 이거……

③ 주인: 뭐 이런 걸 다 사오셨어요?

④ 손님: 별거 아니에요.

위의 대화의 ①②의 인사와 답례, ③④의 감사와 극소화 등의 인접 쌍들은 한국 문화의 특성에 영향을 받는다. 다른 문화권에서는 ①과 같은 표현의 인사에 대해서 '초대해주셔서 감사합니다'라는 표현 없이 ②와 같이 대답하는 것이 통상의 대화 규칙을 위반한 무례한 행위로 간주될 수도 있다. 따라서 자신의 모국어 대화 규범과 다른 문화권에서는 아주 간단한 의사소통 상황에서조차 어려움을 겪을 수 가 있다.

> 학생 4: 제가 프랑스에 여행 갔을 때의 일인데요. 한번은 안내소에 들어가서 길을 물었는데 거기에 있던 직원이 기분 나빠하면서 먼저 인사부터 하라고 했어요. 우리는 보통 안내소 같은 데서 "안녕하세요?" 라고 인사 거의 안 하잖아요.106)

위의 글에는 한국인 화자와 프랑스인 화자 간에 서로 다른 대화 관례들을 가짐으로써 발생하는 의사소통상의 충돌이 보고된다. 프랑스인들에게는 'bonjour'라는 안내원의 인사에 'bonjour'에 상응하는 인사말을 생략하고 바로 용건으로 들어갔을 경우 상대방에게 무례한 행위로 여겨질 수 있는 것이다. 한국어의 대화에서는 가능한 것이 다른 문화권의 외국인들에게는 이질적으로 느껴지거나 심지어 불쾌

---

106) 강승혜 외(2010), 같은 책, p. 282.

감을 유발할 수 있다. 예를 들어 한국어의 대화에서는 처음 만난 사람에게도 몇 분 동안 이야기를 하고 나면 신상 정보에 관한 질문을 하는 경우가 많다. 나보다 연장자인지 나이를 직접 묻고, 고향이나 학연을 묻기도 하며 결혼 여부나 자녀가 몇이냐 하는 질문을 하기도 한다. 흔히 한국 문화를 잘 모르는 외국인들에게는 무례하고 난처한 감정을 유발하는 한국 문화의 특성은 한국어의 경어법 사용과 합당한 호칭과 문장 어미를 결정하기 위해서 필요한 한국어의 특성이기도 하며 대화 관례의 특성이 되기도 한다.[107] 따라서 특정한 언어공동체 내에서 암묵적으로 일상의 담화를 조직하는 관례들과 말 순서 교대나 인접쌍들의 구조, 대화 규칙들은 문화적 특성이 발화의 형식과 내용에 영향을 끼치는 항목이므로 외국어 교육과 문화 교육을 위해서 공통적으로 검토해 보아야 할 부분이다.

4) 문화적 함축 어휘

언어 단위 중에 '어휘'는 각 언어공동체가 축적하고 있는 문화적 배경이 가장 뚜렷하게 반영되어 있는 부분이다. 사피어 워프 가설[108] 과 같은 인류학의 연구들을 보면 언어와 문화의 상관관계를 알 수 있다. 예를 들어 한국어의 복잡한 존칭 체계와 호칭들은 유교의 영향

---

107) 박영순(2006), 『외국어로서의 한국어 교육론』, 월인, p. 218.
108) 사피어 워프 가설이란 미국의 문화 인류학자인 사피어와 워프에 의해 주장된 가설로서 언어와 사고의 상관관계를 논의할 때 가장 많이 인용된다. 사피어-워프 가설의 강한 입장은 언어 결정론이고 약한 입장은 언어 상대성 가설이다. 모국어가 제시하는 범주와 구별이 사람들의 습관적인 사고 패턴과 세상을 인식하는 방식에 영향을 끼친다는 주장을 골자로 한다. 한국 사회언어학 학회 편(2012), 『사회언어학 사전』, 소통, p. 93.

이나 한국 문화에 숨어있는 권위주의의 모습을 담고 있다.

　　기업체에서 과장으로 근무하는 박 영호라는 사람을 부르는 호칭
을 보자. "과장님-박 과장님-박 영호씨-영호 씨-박 과장-박 씨-박
형-박 군-박 영호 군-영호 군-박 영호-영호-영호야" 등 등.109)

　　이와 같이 우리말에서는 상대방의 지위나 나이에 따라, 성별에
따라 호칭의 체계가 지극히 복잡해서 한국어를 배우는 외국인들이
큰 어려움을 겪는다. 호칭뿐만 아니라 다른 품사에서도 이러한 한국
어의 특징은 나타난다. 예를 들어 '먹다'라는 동사는 영어에서는 'eat'
이나 'have' 'take' 등의 동사를 선택할 수 있고 'Have you taken a
breakfast ?'라는 발화체는 아침 식사를 했는지를 묻기 위해 손자가
할아버지에게도 말할 수 있고, 할머니가 손녀에게도 말할 수 있는
문장이다. 동사 변화는 시제와 연관된 변화이다. 그러나 한국어에는
'먹다'라는 동사는 상대가 누구인가에 따라 '먹어, 먹게나, 먹으시죠,
잡수세요' 등으로 어미가 변화한다. 상대방과 말하는 나의 관계나
서열에 따라 바뀌는 한국어의 경어 체계는 몹시 복잡해서 한국인들한
테도 쉽지 않을 때가 있다. 알래스카에는 '눈'에 관한 어휘들이 많고,
한국어에는 유교에서 기인한 복잡한 존칭 체계가 발달되어 있다는
사실 등은 언어가 해당 언어공동체가 속한 문화를 반영하고 있고
특히 '어휘'는 언어가 문화를 반영하고 있음을 가장 특징적으로 보여
주는 언어 요소에 해당된다는 사실을 보여준다. 외국어 교육 분야에

---

109) 최준식(1997), 『한국인에게 문화는 있는가』, 사계절, p. 186.

서는 한 어휘가 사전상의 지시적 의미로만 해석할 수 없는 문화적 배경 지식이 필요한 함축적 의미를 담은 어휘일 경우에는 문화 교육의 대상이 된다.

갈리쏭은 한 집단의 정체성을 확인해 줄 수 있는 최소한의 보편적 문화로서 '공유 문화'라는 개념을 설정하고, 공유문화를 담은 어휘들(mots à charge culturelle partagée)의 교수/학습을 통해 외국어 교육과 문화 교육을 제안한 바 있다. 예를 들어 '집'을 의미하는 'maison'이란 프랑스어 단어는 갈리쏭이 설정한 범주에 따르면 공유 문화를 담은 어휘가 아니다. 지시적인 사전상의 의미만을 이해해도 의사소통 상황에서 특별한 문제를 일으키지 않기 때문이다.[110] 그러나 'poisson d'avril(4월의 물고기)'에서 'poisson'은 사전상의 지시적 의미인 '물고기, 생선'이라는 뜻만 알아서는 만우절 전통과 연관되어 사용되는 실제 의미를 알 수 없다.[111]

이와 같이 어휘는 사전상의 의미와 문화적 함의를 풍부히 담고 있는 문맥적 의미를 가진다. 문화적 배경과 연관된 문맥적 의미들은 의사소통 상황 속에서 드러나며, 해당 어휘의 의미가 품고 있는 문화적이며 문맥적인 의미를 목표어 공동체 화자들의 가치관이나 전통과 관습들과 연결시켜서 가르칠 때 어휘를 통한 외국어 문화 교육의 예가 될 수 있다. 어떤 외국어이든 어휘가 어떤 문화적 의미를 가지고 있는지 이해하여야 의사소통을 원활히 할 수 있는 예들을 무수히 많다. 한국어에서도 '한(恨)'과 같은 어휘도, 단순히 '슬픔'이라는 다

---

110) Galisson, R. (1991), *De la langue à la culture par les mots*, CLE international, p. 120.
111) Galisson, R. (1991), 같은 책, p. 119.

른 외국어와 교환될 수 없는 한국인의 정서를 나타내는 어휘로 제시되는 어휘이다. 그러나 요즘 세대의 일상 한국어에서는 '얼짱, 몸짱, 엄친아' 같은 어휘, '88만원 세대'같은 어휘 역시 현 시대 한국의 문화적 맥락을 압축하여 담고 있는 문화적 어휘에 포함될 수 있을 것이다.

어휘를 통한 외국 문화 교육을 위해 이러한 문화적 함축 어휘를 선정하는 기준을 만들고, 이를 바탕으로 교재를 제작하거나 사전을 편찬하려는 외국어 교육학자들의 제안들이 있다. 그러나 더욱 중요한 것은 말하기, 읽기 수업에서 새로운 어휘들을 가르칠 때 '문화 교육의 관점'들을 잃지 않는 것이다. 어휘의 사전상의 뜻과 더불어 대화문이나 읽기 지문에서 생성되고 있는 의미들을 화자나 필자가 속한 언어 공동체 전체의 보편적 사용과 연관시키면서 문화적 배경에 대한 설명을 덧붙이는 것이 필요하다.

5) 대화 금기 주제, 완곡 어법(tabous, euphémisme)

어느 사회나 신앙이나 관습 등으로 불쾌감을 유발하는 행위를 꺼리거나 피하는 사회적 관습이 있는데 이것을 금기(禁忌, tabous)라고 한다.[112] '금기'란 신앙이나 관습 등으로 꺼리어 금하거나 피하는 것으로 의사소통의 관점에서는 특히 사회 구성원 사이에서 암묵적으로 대화 주제로 삼기를 꺼려하는 대화 금기 주제들이 있고, 설령 대화 주제로 삼더라도 금기어(taboo words)를 피해서 발화체를 조직하고자 하는 사회적 관습은 많은 언어들에서 공통적으로 발견되는

---

112) 이기문 감수(1999), 『동아 새 국어사전』, p. 100.

현상이다. 따라서 각 언어들은 "사회 인습상 사용해서는 안 되는 금기어를 대체해서 표현할 보상 장치(compensating device)"를 발달시키게 되는데 이것을 완곡어법(eupemism)이라고 한다. 한국어에서도 프랑스나 영어에서도 완곡어법의 예는 무수히 발견된다. '완곡어법(euphemism, euphémisme)'이라는 말 자체가 그리스어에 기원을 둔 것으로 영어로는 'good-speak',[113) 프랑스어로는 'dire des paroles de bon augure(상서로운 말들을 하다)'라는 뜻이다.[114)

외설적이나 신성모독의 뜻이 숨어 있는 단어는 그 단어 자체가 금기어가 된다. 금기어는 신이나 종교적 내용에 모욕을 주는 불경(profanity)에 속한 범주와 성(sex)에 관련된 용어들처럼 도덕적 규범과 관련된 외설(obscenity)과 관련된 것들, 배설물에 관한 내용과 같이 품위가 손상되고 저속하다고 취급되는 저속성(vulgarity)에 관한 범주들이 있다. 한국어에서도 죽음, 질병, 범죄, 위험하거나 추한 동물, 성(性), 배설 등과 관련된 내용을 직접적으로 나타내는 어휘소를 금기어로 분류하며, 금기어를 피하고자 대체되는 다른 어휘소를 완곡어들이 많이 있다. 예를 들어 '죽다' 대신에 '돌아가다/작고하다/영면하다', '변소' 대신에 '뒷간/화장실' 등이 완곡어들의 예가 될 수 있다. 프랑스어에서도 '죽었다'는 표현으로 'elle nous a quittés (그녀는 우리를 떠났다)'나 'il a mis fin à ses jours (그는 그의 날들을 끝냈다)'라는 완곡어법이 사용된다. 이와 같이 동 서양의 언어들 모두 이렇게 금기시 되는 단어들을 대체할 수 있는 완곡어법이 고안되게 되며,

---

113) 조명원 &이홍수(2004), 『영어 교육 사전』, 피어슨 에듀케이션 코리아, p. 252.
114) Charaudeau, P.&Maingueneau, D.(2002), *Dictionnaire d'analyse du discours*, Les éditions du Seuil, p. 241.

의사소통할 때 한 사회가 기피하는 금기 주제나 금기어를 알고, 완곡어법을 이해하거나 적절히 구사할 수 있는 능력은 모국어나 외국어로 진행되는 실제 의사소통 과정에서 대단히 중요한 역할을 한다.

문화 교육의 관점에서도 특정 문화권에서 금기 주제로 삼는 주제들이나 금기어를 대체하는 완곡 어법을 알아보는 것은 목표어 화자들의 관습이나 사고 체계를 이해할 수 있는 통로가 될 수 있다. 특히 불쾌감을 일으키는 대화 주제나 표현 방식을 피하는 것은 성공적인 의사소통을 위해서 문법에 맞는 언어를 구사하는 것만큼이나 중요하다. 종교, 성, 배설물, 죽음이나 질병 등과 같이 거의 모든 문명국가들에서 금기시하며 완곡어법을 주로 사용하고 있는 주제들도 있지만, 각 문화권마다 금기시 되는 대화 주제나 어휘들은 조금씩 다르다.115) 따라서 외국어로 의사소통 할 때 특정 문화권에서 금기시 하는 주제를 도입하는 화법과 기술은 대화 상대자인 목표어 화자들의 예의나 체면을 손상시키지 않기 위해 배워야 하는 의사소통 능력의 중요한 항목에 속한다.

3.2.2. 비언어적 의사소통 수단

이번 절에서는 언어공동체의 의사소통 형식 중에서 비언어적 의사

---

115) 한국에 체류하는 프랑스인들, 특히 여성들이 가장 싫어하는 질문이나 대화 주제중의 하나가 처음 만나자 마자 '결혼 여부'나 '나이'를 직접적으로 묻는 것이다. '나이' 자체가 대화의 금기 주제는 아니지만 체험 상 비추어볼 때 프랑스인들에게 '종교'나 '나이'나 '사생활'에 관한 질문들은 꺼려하는 대화 주제 중의 하나이다. 반면에 한국어는 나이에 따라, 성별이나 지위에 따라 호칭과 존대 체계가 결정되므로 초반부터 나이를 묻는 것 등이 의사소통을 위해 필요하다.

소통 수단에 해당되는 항목들을 알아보고자 한다. 비언어적 의사소통 수단이란 발화 안에 언어 단위로 편입되어 있지 않더라도 의사소통상의 의미를 구성하는데 중요한 역할을 하는 시간과 공간에 대한 발화자의 인식이나 운용 방식, 제스처, 시선 처리, 침묵과 같은 항목들이다.

1) 시간 개념

'시간'의 운용과 시간에 대한 인식 역시 문화권마다 다르다는 사실은 문화 인류학자들의 연구를 통해 밝혀졌다. 예를 들어 홀과 같은 문화 인류학자들이 수행한 문화권 별로 다른 '시간' 개념에 관한 연구를 보면, 각 언어공동체가 속한 문화적 맥락과 '시간' 개념과의 밀접한 관계를 알 수 있다. 예를 들어 '시간을 절약한다, 쓴다, 낭비한다, 잃어버린다, 낸다, 쏜살같다, 느리다' 등으로 표현하는 서구 문화권에서는 시간은 언제나 분절되며 언제나 계획과 신속성이 강조된다. 반면에 다른 문화권에서는 전혀 다른 시간 개념이 작동한다.

알래스카의 생선 통조림 공장에서 일하는 에스키모 인들은 공장의 경적을 우스꽝스럽게 생각한다는 것이다. 인간이 소리에 의해 일을 하고 말고 하는 그 발상 자체가 그들 눈에는 정신 나간 짓으로밖에 보이지 않는 것이다. 에스키모인은 인간이 무슨 일을 얼마 동안 할 것인가를 조수에 의해 결정한다. 썰물 때에는 이런 활동, 밀물 때에는 저런 활동을 하는 것이다.[116]

---

116) 최효선 역(2000), 에드워드 홀 저, 『문화를 넘어서』, 한길사, p. 45.

여기서 홀이 지적하는 것처럼 '시간' 관념은 인간의 생리적 리듬이나 창조적 충동에 내재하는 것이 아닐뿐더러 자연에 실재하는 것도 아니다. 미국인이 다른 문화에 속한 사람들과 교제하게 되면, 상이한 시간체계로 인해 곤란을 겪게 되고 이러한 문화적 차이는 의사소통에도 직 간접적 영향을 준다. 시간을 스케줄로 나누고 신속성을 중요시하는 문화권에 속하는 어느 미국인이 지중해 국가의 시장이나 상점에서 물건을 사는 상황을 가정해보자. 먼저 온 손님 순서라는 것은 상관도 없이 주인에게 소리를 지르며 시선을 끌려는 손님들에 둘러싸이게 될 때, 미국인 관광객은 의사소통상의 어려움을 겪게 된다. 이러한 현상은 일차적으로는 문화의 영향 때문인 것이다.117)

외국인들을 위한 프랑스어 교재에는 프랑스인들 가정에 초대를 받으면 약속 시간보다 '15분 늦게' 도착하는 것이 예의라고 소개되어 있다. 'le quart d'heure de politesse(예의의 15분)'으로 불리기도 하는 초대와 관련된 프랑스인들의 이와 같은 시간 감각은 다른 문화권과 다를 수 있다. 반면에 한국인들은 성격이 매우 급하며 '빨리 빨리'로 표현되는 생활 습관으로 외국인들을 놀라게 한다. 오늘날 한국인들의 시간 인식은 과거 한국인들과도 다르며, 동시대의 한국인들 사이에서도 다양할 수 있지만, 한국 사회와 문화적 맥락에 기반 한 오늘날 대다수 한국인들의 시간 인식은 다른 문화권이나 국민들과 구별될 정도로 신속함의 가치와 연결되어 있다. 시간에 대한 인식은 의사소통 상황에 대한 인식과 직결된다. 따라서 외국어 교육에서는 시간과 연결된 표현들이나 문법의 시제 항목을 가르칠 때 상호문화적 접근을

---

117) 정우향(2013), 『소통의 외로움』, 한국 문화사, pp. 76-77.

시도해 볼 필요가 있다. 즉 문화별로 시간에 대한 인식이 차이가 있으며, 시간에 대한 공동체의 가치관은 언어 표현에 반영된다는 사실을 주지시켜야 한다.

2) 공간, 대화 거리

모국어와 모국 문화의 환경 속에서만 살았을 경우 우리는 타인과 대화할 때 취하는 거리나 공간에 대한 운용과 지각까지 '문화'의 영향과 통제를 받는다는 사실조차 지각하기 어렵다. 모든 것은 '무심코' 받아들여지고 학습되기 때문이다. 어린이들은 출생 후에 유치원이나 학교 교육이 본격적으로 시작될 무렵부터 가족이나 이웃을 통해서 '공적 거리(public distance)'라는 개념을 자신의 행동 목록에 포함시키게 된다고 한다.[118] 어린이들은 성장하면서 친숙하거나 낯선 사람들, 높은 지위와 낮은 지위의 사람들 등 다양한 사람들을 접하면서 해당 공동체에서 통용되는 '대화 거리'에 대한 규범들을 암묵적으로 학습하게 되며 공간적인 적응을 하게 된다. '대화 거리'는 대화 상대방과 화자의 사회적 관계와 접촉 유형, 친밀도에 따라서 대화할 때 편하게 느껴질 수 있는 거리를 말한다. 문화 인류학자인 홀은 그의 저서『침묵의 언어』와『숨겨진 차원』에서 인간의 공간적 행동 유형에 대한 분석을 하였다. 홀에 따르면 친밀한 관계일 경우 대화 거리는 예를 들어 45센티미터 정도 이다. 반면에 일반적인 업무 처리 시 상호작용에서 취하는 거리는 1미터 20센티미터에서 3미터 60센티까지 멀어진다. 홀은 이러한 '대화 거리', 즉 대화할 때 발생하는

---

118) 최양호 외 역(2012), 마크 냅&주디스 홀 저,『비언어 커뮤니케이션』, p. 199.

대인 간 공간을 ①친밀한 공간, ②일시적이고 개인적인 공간, ③사회적이고 협의적인 공간, ④공공 공간이라는 네 가지 유형으로 분류하였다.[119]

홀은 자신의 연구는 미국 북동부 지역, 백인 중산층 남성 회사원을 표본으로 하였기 때문에 미국 내의 다른 소수 인종 집단으로 일반화할 수 없다는 점을 밝혔는데, 이 점은 대화 거리나 공간 적응의 문제가 '문화'의 문제임을 함의한다. 즉 문화권 별로 공간의 운용, 특히 대화할 때 취하는 거리가 달라질 수 있으며, '대화 거리'라는 주제 역시 외국어 학습자의 경우에는 '의식적으로' 배워야 할 항목이며 넓게는 의사소통 시 필요한 대화 규범이라는 점이다. 지구촌 시대인 만큼 인터넷과 영상물을 통해서 글로벌 매너가 보편화되고 있지만 나의 모국 문화에서 취했던 대화 거리가 다른 문화권에서는 대화 상대방에 대한 모욕이나 수치심을 유발할 수도 있다. 예컨대 이슬람 문화권에 속하는 여성에게 길을 물어 보는 남자 관광객이 과도하게 친밀한 대화 거리를 취한다면 의사소통은 성공적으로 진행될 수 있을까, 교수와 학생간의 대화 거리, 공공 기관에서 공무원과 민원인의 대화 거리, 물건을 사고 팔 때 상인과 손님의 거리는 각 문화권마다 암묵적으로 다른 규범에 의거하여 작동될 수 있다.[120] 만약 해당 공동체에서 통용되는 '대화 거리'를 의도적으로 위반했을 경우 '의미'가 발생하게 되고 이는 의사소통상의 중요한 메시지를 포함할 수 있다. 결론적으로 '대화 거리' '공간의 지각과 사용'은 외국어 교육 분야에서 다루어져야 할 의사소통과 관계된 문화의 영역에 해당된다.

---

119) 최양호 외 역(2012), 같은 책, 『비언어 커뮤니케이션』, p. 205.
120) 최양호 외 역(2012), 같은 책, p. 205.

3) 제스처, 몸짓

몸짓 언어인 '제스처'는 인간의 의사소통에서 중요한 역할을 담당해왔지만 20세기 초까지는 학문적 관심을 받지 못했다. 외국어 교육 분야에서는 의사소통적 접근법 이후의 교재들에서 목표어의 언어적 메시지를 보충하거나 동반되는 제스처에 대한 정보들이 발견된다.

'제스처'는 신체, 또는 신체 일부분의 움직임을 말한다. 팔과 손, 머리의 움직임이며, 의사소통할 때 말을 대체하거나 대화의 흐름과 리듬을 조절하고, 말의 내용을 강조하고, 말을 원활하게 하는 기능을 한다.[121]예를 들면 프랑스인들은 다른 사람의 말을 인용하는 'entre guillemets'를 뜻하기 위하여 구어로 발화 시 양쪽 손으로 따옴표, 괄호 표시 같은 제스처를 하기도 한다. 프랑스에서 '술 취했다'는 것은 코 주위에 주먹을 쥐고 비트는 제스처로 표현될 수 있는데 아마도 한국에서 언어적 메시지가 동반되지 않고 같은 동작을 한다면 상대방은 전혀 이해하지 못할 것이다. 알파벳 숫자를 셀 때도 프랑스어에서는 1을 나타내기 위해 새끼손가락부터 시작하는 반면에 한국어에서는 엄지손가락으로 시작한다. 제스처는 언어 메시지에 동반되거나 제스처 단독으로도 메시지를 표현하기 때문에 외국어 교재들은 외국인 학습자들을 위하여 다음과 같이 제스처에 대한 설명들을 제시하고 있다.

---

121) 최양호 외 역(2012), 같은 책, p. 306.

[그림 2] 프랑스인의 제스처[122]

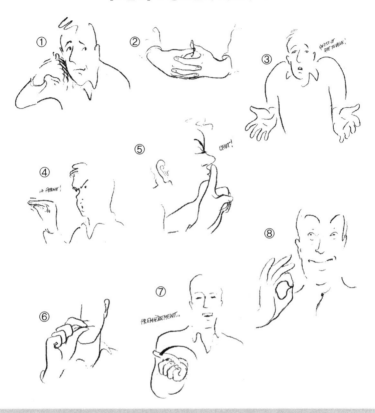

① 피곤함을 표현할 때
② 일을 하지 않고 게으름 피우는 사람에 대해 말할 때
③ 무력함을 표현할 때
④ 누군가에게 더 이상 말하지 말라고 할 때
⑤ 조용히 할 것을 요구할 때
⑥ 다른 사람에게 방금 본인이 한 말을 하지 말라고 부탁할 때
⑦ 설명을 시작할 때
⑧ 모든 게 완벽하다는 것을 의미할 때

---

122) Mauchamp, N.(1997), *Les français*, CLE international, pp. 58-59.

물론 제스처는 같은 언어공동체의 구성원들 사이에서도 천편일률적으로 같은 방식으로 사용되는 것은 아니다. 예를 들면 프랑스 드골 대통령은 연설 시 확신에 찬 손동작을 활용하는 제스처로써 군중을 압도하는 것으로 유명했는데[123] 이러한 제스처는 확신을 표현할 때 사용하는 프랑스 일반인의 공통된 제스처가 아니라 드골의 제스처이다. 그러나 관습처럼 굳어진 한 민족 특유의 제스처들의 목록도 있다. 목표어 의사소통에서 목표어 화자들이 많이 사용하는 공통된 제스처는 언어적 메시지를 대신하거나 보완하는 기능을 담당한다.[124] 따라서 목표어에서 사용되는 제스처에 대한 지식은 외국어 학습자가 배워야 할 의사소통과 관련된 목표어 공동체의 관습에 해당되며, 문화교육의 내용이 될 수 있다. 외국어 교육에서 비언어적 의사소통에 대한 인식은 점점 교재에도 반영되고 있다. 다음은 외국인을 위한 한국어 교재의 예이다.[125]

> * 여러분은 다음 상황에서 어떻게 행동해요? 한국 사람들은 다음
>   상황에서 어떻게 행동을 할까요?
> －택시를 잡을 때: 물건을 가리킬 때
> －멀리 있는 사람을 부를 때: 사람을 가리킬 때

---

123) 최양호 외 역(2012), 같은 책, p. 318.
124) 마크 냅에 따르면 제스처는 다양한 방식으로 의사소통을 원활하게 한다, 제스처는 상호작용의 흐름을 조정하고, 청자의 관심과 주의를 끌며, 스피치를 강조해주고, 어휘 회상과 스피치 생성에 중요한 역할을 하기 때문에 제스처 없는 의사소통은 화자의 메시지 전달과 청자의 메시지 해독에 부정적 영향을 끼친다. 최양호 외 역(2012), 같은 책, p. 336.
125) 서강대학교 한국어 교육원(2007), 『서강 한국어 학생 책 5B』, 서강대학교 국제문화교육원, pp. 144-147.

−'이 음식 맛이 최고다'라고 말할 때: 어른을 길에서 만나서 인사
할 때

−친구에게 '전화해'라고 말할 때: '이건 비밀이야'라고 말할 때

−손가락으로 6이라는 숫자를 소개할 때: 잘못한 일에 대해서 사
과할 때

−시장이나 가게 점원이 거스름돈을 줄 때: 웃어른에게 꾸중 들을
때

−가족이나 친구와 헤어지면서 '잘 가'라고 손을 흔들 때.

위의 예들을 보면 한국인들이 일상에서 반자동적으로 구사하는
제스처 역시 한국어를 처음 배우고 한국 문화에 익숙하지 않은 외국
인들에게는 의도적으로 학습해야 할 항목임을 알 수 있다. 또한 제스
처는 같은 모국어 화자들 사이의 의사소통에서도 발화자의 언어적
메시지를 보충하거나 언어적 메시지의 숨은 양태를 드러낼 수도 있는
비언어적 의사소통 수단이 된다.

4) 응시, 시선 처리

'눈'의 움직임, 시선 처리는 의사소통에서 다양한 역할을 한다.
눈의 움직임을 통하여 우리는 때로 ①의사소통 흐름을 조절 하며,
②피드백을 관찰하고, ③인지적 행동을 고찰하며, ④감정을 표현하고,
⑤상호간의 인간관계에 대한 의미들을 전달하기도 한다.[126] 의사소
통할 때 시선을 처리하는 응시 형태는 의사소통 상대방과의 거리나

---

126) 최양호 외 역(2012), 같은 책, pp. 478-479.

개인적인 성격이나 신체상의 특성에 영향을 받기도 하지만 의사소통 참여자들이 속하는 문화적 배경이나 인종적 태도에 따라서 달라지기도 한다. 예를 들어 비접촉 문화권인 북유럽 사람들과 접촉 문화권[127]에 속하는 아랍 사람들은 응시의 지속 시간에서 다르다. 케냐에서는 일부 장모와 사위들은 서로 등을 지고 대화한다는 보고가 있다.[128] 영어 교육자 반스는 한국인을 비롯한 아시아권 유학생들이 영어로 의사소통 할 때 흔히 저지르게 되는 실수를 언급하면서 다음과 같은 충고를 하고 있는데 이 글에서 우리는 시선 처리 역시 문화적 맥락의 영향을 받는 비언어 의사소통 항목에 속한다는 것을 알 수 있다.

　　서양에서는 상대방이 내 얘기를 경청하고 있다고 생각하는 중요한 요소 중 하나로 '눈 마주치기'를 꼽습니다. 따라서 서양인과 대화할 때는 반드시 눈을 마주쳐야 합니다. 왜냐하면 눈을 마주치지 않는 경우는 '시선을 피한다'고 인식되며, 이는 무언가 떳떳하지 못하다, 자신감이 결여됐다거나 숨기는 것이 있다, 심지어는 정직하지 못하다고 인식되기 때문입니다. 이는 대화의 상대방이 자신보다 나이가 많거나 사회적 권위가 있다 해도 마찬가지이며, 세 명 이상이 스몰토크를 하고 있을 때도 일대일 대화와 마찬가지로 이야기하고 있는 사람에게 눈을 맞추는 게 중요합니다. 동양에서는 윗사람과 눈을 마주치는 것을 꺼리는 경향이 있는데 서양 사람들이 보기에 문화적 이질감이 드는 대표적인 모습 중 하나입니다. 그래서 서양 코미디언

---

127) 문화 인류학자 홀은 접촉(contact)과 비접촉(noncontact) 문화권이라는 용어를 사용한다. 비접촉 문화에 비해 접촉 문화권의 사람들은 면대면 의사소통에서 근접한 거리를 취하고 눈을 마주 보고 보다 큰 소리로 대화한다는 특성이 나타난다.

128) 최양호 외 역(2012), 위의 책, pp. 478-479.

이 아시아인을 흉내 낼 때가 있는데 시선을 떨구고 남과 이야기하는 모습을 흔히 표현합니다. 이것은 서양인이 떠올리는 전형적인 아시아인의 모습이죠. 따라서 서양인과 대화할 때는 시선을 아래로 향하지 말고 상대방의 눈을 보고 말씀해 주십시오.[129]

반스는 여기서 높은 토플 점수를 받고 미국 유학을 갔을 한국인을 비롯한 아시아권 유학생들이 다른 문화권에 속한 원어민과 대화할 때 '시선 처리'를 어떻게 해야 하는지조차 몰라 대화 상대방의 불필요한 오해를 받을 수 있는 사례들을 보고한다. '시선'이 중요한 의사소통 수단이며, 외국어로 하는 의사소통에서 상황 별로 어떻게 '시선 처리'를 해야 하는지는 '배워야' 한다는 점, 언어적 실수보다 더 큰 오해와 의사소통 실패를 초래할 수도 있다는 점을 일깨운다. 이와 같이 '시선'은 외국어 교육에서 학습자 문화권의 특성에 따라 '문화 교육'의 중요한 내용이 될 수도 있는 것이다.

5) 침묵, 발화 간 휴지기

'침묵'이 더 많은 의사소통상의 메시지를 전달할 수도 있다. 침묵의 가지는 메시지도 문화권마다 다른 의미를 내포할 수 있다. 침묵은 발화와 발화 사이의 쉼이나 대화에 반응하는 간격 사이에서 발생하기도 한다. 그런데 침묵도 '말'을 한다. 대인 간 의사소통 시 침묵의 의사소통적 기능은 다음과 같다.

---

129) 허유진 역(2012), 윌리엄 반스 저, 『영어 스피킹 기적의 법칙 7』, 로그인, pp. 242-243.

- 특정한 말과 생각의 구두점 혹은 강조
- 타인 행위 평가, 호의 또는 비호의, 찬성 또는 반대, 비판(의견, 인사 또는 편지에 무반응)
- 폭로와 은폐
- 역겨움, 슬픔, 공포, 분노, 사랑 등의 감정 표현
- 배려와 무지 등의 정신활동
  (Bruneau, 1973;Jaworski, 1993;Jensen, 1973).[130]

　이와 같이 의사소통에서 '침묵'의 순간이 발생할 때, 그것은 아무것도 의미하지 않는 '비어있는 순간'이 아니다. 대인 간 의사소통에서 '침묵'은 말들 사이의 휴지 기간, 쉼(pause), 망설임의 순간이기도 하며, 즉흥적인 연설의 경우처럼 어떤 어휘나 구조 형태의 발화를 해야 할지 선택하는 순간에도 잠시 발생한다. 비언어 의사소통의 여러 요소를 연구한 마크 냅은 "침묵은 사실상 모든 것을 의미한다. 침묵은 현재 하는 말, 과거에 했던 말, 미래에 할 말과도 관련성이 있다. 침묵은 말의 의미를 추론하는 것처럼 커뮤니케이터, 주제, 시간, 장소, 문화 등의 분석을 통해 추론할 수 있을 것이다"라고 지적한다. 그렇다면 우리의 관심 주제인 '문화'에 따라 '침묵'같은 비언어 의사소통 수단의 기능이 달라지는 것일까? 문화별로 '침묵'같은 요인도 차이가 있을까? 외국어 교실의 수업 내용이 될 수 있을까도 덧붙여 논의해본다면 결론적으로는 '침묵'과 같은 요소는 문화권 별 차이는 극히 미미하며 외국어 학습의 효율성 면에서 교수자나 학습자가 주목 해볼 만한 요인은 아니다. 그러나 '침묵'이라는 비언어 의사소통 수단

---

130) 최양호 외 역(2012), 위의 책, p. 535.

의 주목되지 않았던 의사소통상의 기능들에 대해서는 성찰해볼 가치
가 있다.

모든 인간 관계에는 같은 요구조건이 있다. 그 관계가 인간적인
것이 '되려면', 바로 이러한 '일체감'을 느껴야 한다는 것이다. 그
일체감은 고독 속에서 지니게 된, 그리고 침묵 속에서 나누는 무한한
가치를 통해서 느낄 수 있다.[131]

위 글에서 젱델이 말하고 있는 것처럼, 의사소통에서 말 사이의 간격
이나 침묵이 발생하는 순간 속에서 '나'와 '너'만이 교류하는 의미들이
더욱 공고해지고 서로 하나 됨을 느낄 수도 있지 않은가. 의사소통 상황
에서 대화 상대방에 주의를 기울인다면, 우리는 그가 지금까지 했던
발화들을 떠올려보며 침묵의 순간들에 담겨진 의미들에 대해서도 생각
해 볼 수도 있다. 외국어 학습은 의사소통을 이루는 다양한 구성 요소들
에 대해서 '의도적'으로 성찰해볼 수 있는 과정으로, 이런 관점에서
'침묵'조차 외국어 학습의 항목이 될 수 있다.

지금까지 살펴본 비언어 의사소통 항목들은 사실 언어 능력의 성취
도를 달성하는데 시간적으로 쫓기는 외국어 교육의 현장에서 교수/학
습의 내용으로 선정되기에는 우선순위를 차지하는 요소가 될 수 없고
오히려 문화 인류학 분야의 연구 주제에 해당된다. 그러나 언어 수업
의 4영역(듣기, 말하기, 쓰기, 읽기)을 가르칠 때 위 요소들을 인식하

---

131) 고성 가르멜 여자수도원 역(2001), 프랑스 뒤 계랑 엮음, 모리스 젱델 저, 『침묵에
귀를 기울이며』, 성바오로, p. 167.

고 교재를 제작하고 수업을 진행하는 것은 이 항목들을 고려하지 않는 것과 많은 차이가 있다. 문화 교육은 이렇게 암암리에 스며들어야 하고 의사소통과 연관 속에서 구상되고 언어 교재와 수업 현장에 반영되어야하기 때문이다.

이러한 비언어 의사소통 수단들은 어떤 의미에서 가장 '인간 의사소통'의 특성이 나타나는 분야이다. 또한 무의식적이며, 의사소통의 전체 상황과 대화 상대방에 주목하지 않는다면 놓치기 쉽기 때문에, 특정 경우에는 언어적 메시지보다 중요한 정보를 담고 있기 때문에 간과할 수 없다. 특히 비언어적 의사소통 항목들은 모국어 의사소통 상황 시 별다른 주의를 기울이지 않은 채 자동 반사적으로 행동하거나 무시되는 부분이기도 하다. 실제 의사소통에서 같은 나라 사람이라고 할지라도 비언어적 의사소통 수단을 활용하는 방식은 인종이나 성별, 나이, 계급 등과 같은 사회언어학적 변수에 따라 다르게 나타날 수 있음에도 불구하고 우리는 이러한 사실을 인식하지 못하는 경우가 많다. 외국어는 언어적 어려움과 더불어 원어민이 말할 때 사용하는 제스처나 눈빛마저도 낯선 순간에 많이 직면하게 된다. 외국어 교육은 이런 의미에서 모국어 의사소통에서 '무의식적으로' 행해왔던 다양한 의사소통 수단들과 의미들을 '의식적으로' 배울 수 있는 기회이며, 이것은 넓은 의미에서 타자들과의 소통, 인간 사이의 교류란 어떻게 이루어지는가를 체험하는 풍요로운 순간이 될 수 있다.

김정기에 따르면 "말을 사용하지 않고 의사소통을 시도하는 비언어 커뮤니케이션은 우리 학계의 연구와 교육에서 잊혀진 분야다. 신문과 방송, 인터넷과 모바일 등 미디어를 통한 의사소통에 압도된 결과다"라고 지적하면서, 비언어 의사소통 요인들이 인간의 의사소통 현상을 이해하는데 얼마나 중요한지, 특히 의사소통의 주제와 가치는 '미디어가 아닌 인간'이라는 점을 인식해야 한다고 말하고 있다.[132] 즉 미디어를 통한 의사소통이 증가하고 있는 시대 문화적 환경 속에서 잊혀지고 있는 비언어적 의사소통에 대한 인식은 외국어 교육학자들에게도 역설적으로 더 중요해졌다. 비언어적 의사소통 수단들은 목표어 화자와의 직접 맞대면 의사소통을 대비하여 가르쳐야 할 항목이기도 하지만 사람과 사람 사이의 의사소통은 언어를 넘어 이루어진다는 점을 환기시킬 수 있는 항목이기 때문이다.

특히 비언어적 의사소통 요소들을 외국어 교육의 문화 교육의 내용으로 포함시켜야 되는 이유는 의사소통상의 메시지를 전달하는 언어 공동체의 규범, 관습의 속성을 지니고 있기 때문이다. 이러한 요소들을 교수/학습하기 위해 구체적으로 많은 수업 시간을 할애하지 않더라도 외국어 교육 현장의 교수자들이 비언어 의사소통 수단들에 대한 지식과 관점을 갖는 것은 중요하다. 대화 상대방이 자신의 메시지를 표현하고자 동원하는 모든 채널에 대한 감수성을 갖는 것을 모국어 사용에서는 인식하기 어려운 현실을 감안할 때 외국어 교실은 좋은 소통 교육의 장(場)이 될 수 있다.

---

132) 최양호 외 역(2012), 위의 책, 책 뒷 표지에 실린 추천 글에서 인용하였다.

Ⅳ. 의사소통의 내용과 문화

앞 장에서 살펴 본 바와 같이 개인의 발화는 의사소통을 위해 발화 상황 중에 생성되는 언어로서, 그 형식면에서 같은 언어공동체의 구성원들이 공유하는 랑그적 측면과 화자 개인과 발화의 맥락에서 기인하는 빠롤적 측면이 있다. 이번 장에서는 의사소통의 내용 측면에서 개인의 발화가 포함하는 개인으로서의 고유한 측면과 사회적 존재로서 자신이 속하는 공동체의 특성을 나타내는 부분들을 살펴보고자 한다. 본고에서 '의사소통의 내용'이란 특정한 발화의 주제를 중심으로 전개된 각 발화들을 통해서 구성되는 의미를 지칭한다.

특정 공동체의 '문화'를 주제로 구어 또는 문어의 형태로 실현된 개인의 발화에는 발화자 개인의 정체성과 연관된 문화의 개인적 측면과 발화자가 속한 하위 공동체 또는 국가 공동체의 집단적 정체성과 관련된 문화의 집단적 측면이 동시에 나타난다. 결론적으로 외국어 교육과 문화 교육이 수렴되어야 하는 지점은 목표어 화자의 발화 안에 나타난 언어와 문화의 랑그적 측면과 빠롤적 측면이라고 할 수 있다. 이번 장에서는 개인의 발화 안에 드러나는 의사소통의 내용이 발화자 개인의 문화적 정체성과 해당 사회의 집단적 정체성을 동시에 포함한다는 점을 살펴보고자 한다.

4.1. 의사소통 내용과 개인의 정체성

발화 속에 전개된 의사소통 내용으로서 개인의 문화적 정체성은 어떻게 드러나는가. 우리는 의사소통 하면서 무엇보다 내 눈앞의 화자 또는 읽고 있는 텍스트를 쓴 필자를 직 간접적으로 만나게 된다. 화자이거나 필자인 그는 무엇보다 복합적이며 다층적인 정체성을 지니고 고민하는 영혼, 인간이다. 그는 구글 번역기처럼 말하거나 글을 쓰지 않는다. 그는 특정한 시대, 언어 문화 공동체의 구성원으로 말하고 글을 쓰며, 남성 또는 여성이며, 특정한 세대와 계급적 배경을 가지고 있고 정치적 귀속 의식을 가진 사람이다. 필연적으로 그의 말과 글에는 그 자신의 윤곽이 어렴풋이 드러나기 시작한다. '물건을 사고 팔기' '길 찾기'와 같이 초급 단계의 회화 수업이 아닌 특정 주제에 대해서 구어로 대화하거나 쓰여진 텍스트를 읽을 때, 외국어 학습자는 표면적이며 기능적인 의사소통 수준으로 머물 수는 없다. 모국어이든 외국어이든 깊이 대화하거나 글을 읽을 때 우리는 반드시 그의 언어를 통하여, 좀 더 정확히 말하자면 언어적, 준어적, 비언어적 의사소통 수단들을 통하여, 의사소통 상대방에 대해 알게 된다. 구어 의사소통에서 화자가 자기 자신에 대해서 일부러 소개하거나 설명하지 않더라도 화자의 말투, 엄격하거나 따뜻한 억양, 단어 선택, 논거들을 통해서 화자가 어떤 사람인지를 짐작할 수 있는 것과 같이, 문어 의사소통인 읽기에서도 텍스트의 지표들은 독자로 하여금 필자에 대한 윤곽을 파악하게 한다. 즉 발화할 때 우리는 대화 주제에 대한 정보를 제공하기도 하지만 동시에 '나는 이런 사람이며, 저런 사람은 아니다'라고 말하면서 간접적으로 자신이 어떤 범주에 속하는 사람인지를 표현하고 있는 셈이다.133) 최대한 중립적인 목소리를 유지하고자 하는 정보 전달 위주의 발화일지라도 인간의 의사소통의 결과물인 발화 속에는 언제나 '특수한 음성'이 포함되어 있으며, 청자나 독자는 언어적/준언어적/비언어적 지표들을 통해서 대략적으로나마 화자나 필자가 속하거나 지지하는 언어 문화 공동체에 대한 윤곽을 파악하게 된다.134) 이와 같이 구어든 문어든 발화된 모든 말은 '구체화된 발화자(énonciateur incarné)'로부터 나온 것이며 구어적 지표와 문어적 지표들은 모두 말하는 주체의 정체성을 드러내는데 일조한다.

본고에서는 문화적 주제에 관해 말하는 목표어 화자들의 발화 속에 드러나는 정체성을 '의사소통의 내용' 항목으로 구분하고 이를 다시 개인적 정체성과 집단적 정체성으로 나누었다. 그런데 '정체성'의 두 차원 중에서 '개인적 정체성'이란 말은 사실 논란의 여지가 있다. 엄밀한 의미에서 완벽하게 '개인적인' 정체성이란 고정되어 있지 않기 때문이다. '정체성'이란 사전적 의미로는 '변하지 않는 존재의 본질을 깨닫는 성질'이며, 또는 '그런 성질을 지닌 독립적 존재'를 가리킨다.135) '정체성'이란 사전의 뜻에서부터 고정되고 항구적인 특성이라는 의미가 연상된다. 그러나 그로세르의 말처럼 정체성은 '하나의 정체성'이 아니다. 예를 들어 프랑스인이고, 교수이고, 아버지라는 집단적 소속과 같이 특정 범주에 속한다는 사실은 외부로부터의 규정이든 자기규정이든 간에 한 개인의 정체성에 영향을 끼치는

---

133) Maingueneau, D.(2002), *Analyser les textes de communication, Nathan*, p. 80.
134) Maingueneau, D.(2000), ≪Lecture, incorporation, monde éthique≫, *ELA N°119*, pp. 266-267.
135) 이희승 감수(2013), 『민중 국어대사전』, 민중서림.

것이지만, 자동차 운전자일 때의 나는 자전거 타는 사람들을 미워하고, 자전거 탈 때의 나는 자동차 운전자를 미워하듯이 나의 정체성은 언제나 다른 상황에 직면하며 갈등하기도 한다.[136)

'문화적 정체성'일 경우 이 문제는 더욱 복잡해진다. '문화'라는 개념 자체가 '한 민족 집단에게 개별성을 부여해주는 집단 고유의 문화적인 특징들의 총체, 그 집단에 대한 한 개인의 소속감'이라고 정의 될 때, 정체성은 교육과 환경에 의해 일방적으로 만들어지고 규정되는 것인가의 문제의식을 갖게 된다. 그로세르는 정체성은 '소속들의 총합'이라고 말한다. 그러나 내가 가진 여러 가지 귀속 의식들, 특정 집단에 속한다는 생각만으로 정체성이 규정될 수 있는 것은 아니다. 개인은 자신이 귀속된 집단과 때로는 갈등하고 소외감을 느끼기도 하고 시간의 영향을 받는다. 즉 마치 빠롤의 의미 구성 방식과 유사하게 의사소통의 내용을 중심으로 드러나는 개인의 정체성 또한 고정되지 않으며, 개인은 자신이 소속된 집단의 정체성과 상호작용을 벌이며 자신의 고유한 정체성을 표현하고자 한다.

간략히 말해 정체성이란 '나는 나를 누구라고 생각하며 무엇이라고 생각 하는가'라는 질문과 연결된다.[137) 외국어 교육이란 이러한 정체성과 연관된 발화자의 생각이나 전달하려는 정보가 목표어로 언어화 되는 방식을 배우는 과정이기도 하다. 발화자가 전달하려는 의미에 주목하면서 '이 말을 하거나 이 글을 쓰면서 이 사람은 자신을 누구라고 생각하며 무엇을 생각하고 있는가, 또 내게 어떻게 보여지고 싶어 하는가' 등의 질문을 던지면서 능동적으로 듣거나 글을

---

136) 심재중 역(2002), 알프레드 그로세르 저, 『현대인의 정체성』, 한울, p. 21.
137) 심재중 역(2002), 같은 책, p. 17.

읽는 것, 내용과 형식으로 언어화되는 의사소통 상대방의 '개인적 정체성'에 관심을 갖는 것, 그것을 드러내는 언어 단위들, 의사소통상의 표지들의 의미를 생각해보는 것 등은 모국어이든 외국어이든 의사소통을 할 때 우리가 가져야 할 가장 기본적인 태도이다. 개인 발화 안에 전개된 목표 문화의 모습들을 개인과 집단의 '정체성'이란 주제로 탐구해보는 이유는 외국어를 배울 때 우리는 외국 문화를 만나게 되는데, "만나는 것은 문화가 아니라 그 문화를 가진 사회적 존재"들이기 때문이다.[138] 누가 말한 건지 누가 쓴 건지도 모르는 정보 전달의 텍스트들은 이미 인터넷에 넘쳐나고 있다. 오늘날 우리는 가장 나쁜 의미에서 '중립적인 목소리'의 외피를 지닌 무색무취의 모국어와 외국어로 된 발화들에 둘러싸여 있으며 우리 자신의 언어도 그 언어들을 닮아간다. 이런 미디어 환경과 시대적 분위기 속에서 '정체성'이란 주제로 목표어로 된 발화의 의미들을 탐색해보는 작업은 더욱 중요해지고 있다.

4.2. 의사소통 내용과 집단의 정체성

그렇다면 이번에는 발화 안에 전개 되는 의사소통 내용으로서 집단의 문화적 정체성은 어떻게 드러나는지 알아보자. 개인으로서 발화자가 문화적 주제에 대해 말할 때 그는 자신의 생각뿐만 아니라 자신이 속한 공동체의 발화들을 바탕으로 발화를 구성하게 된다. 우리의

---

138) 장한업 역(2013), 제니페르 케르질&즈느비에브 벵소노, 『상호문화: 학교의 원칙과 현실』, 교육과학사, p. 10.

언어활동은 화자나 필자의 의식을 이루는 내적 언어나 실제의 대화 상대자, 언어공동체 간, 이전 발화와 현재 발화와의 관계 등 모든 층위에 걸쳐 대화적이며, 개인의 언어활동은 자기 자신의 고유의 경험을 오케스트라 화음처럼 출처를 알 수 없는 타자의 담화가 섞여 있는 '공동의 기호적 자원들'과 조정하는 작업이다.139) 이런 관점에서 볼 때, 우리의 의사소통의 기본 재료는 나의 모국어 공동체에 축적되어 있는 타자의 발화들이다. 예를 들어 프랑스인들이 프랑스 문화에 대해 대화할 때, 그들의 발화들은 프랑스 문화 주제 별로 프랑스 언어공동체에 축적되어 있는 사회의 담화들을 재료로 하여 구성되었다고 볼 수 있다. 즉 개인의 발화는 그 형식과 내용면에서 모두 개인만의 언어 표현이나 정보가 담겨져 있는 것이 아니라 해당 주제에 대해서 이미 축적되어 있는 언어공동체의 담화들과 벌인 상호 작용의 결과물이다. 다음 예를 보도록 하자.

> Nathan- Ça, c'est la France que j'aime: liberté, égalité, fraternité ! pas vrai Laura ?(자, 이것이 내가 사랑하는 프랑스지: 자유와 평등, 박애의 나라, 그렇지 않니, 로라?)
>
> Paul- Ouais, mais hélas, c'est pas comme ça tous les jours...Quand ma voisine dit que tous les immigrés doivent rentrer dans leurs pays... (응, 그러나 항상 그런 것은 아니잖아, 이웃집 아주머니가 모든 이민자들은 자기네 나라로 돌아가야 한다고 말할 때……)140)

---

139) Boutet, J.(1994), *Construire le sens*, Peter Lang, pp. 216-217.
140) Grand-Clément, O.(2007), 위의 책, p. 10. (밑줄은 필자가 첨부하였다.)

위의 대화문에서 밑줄 친 부분은 인용된 담화로서 이웃이 한 말을 발화자가 전달하고 있는 부분이다. 이웃의 말에서는 '자유와 평등, 박애'라는 프랑스인들이 공유하는 정신과 통합된 이미지에 반하는 프랑스 내에 존재하는 '인종 갈등' '이민자 문제' 등이 암시되어 있다. 이와 같이 문화적 주제를 말하는 개인 발화에서는 해당 주제에 대한 공동체의 발화들이 포함되어있다. 프랑스라는 국가 안에 존재하는 다양한 하위 공동체의 발화들이 직접 인용이나 간접 인용의 형태로, 또는 출처를 밝히지 않은 채로 편입되어 개인 발화의 내용과 형식에 참여하는 것이다. 다음 예를 보도록 하자.

> 왕강: 한국에서는 대학 졸업장이 인생을 좌우한다고 하던데 정말 그런가요?
> 은영: 대학 졸업장이 인생을 좌우한다기보다 취직하는 데 필수조건 이라고 볼 수 있지요.
> 왕강: 한국은 입시 경쟁이 너무 치열한 거 같아요. 얼마 전에 뉴스에 서 들었는데 성적이 떨어져서 중학생이 비관자살을 했다지요?
> 은영: 네 입시 스트레스가 엄청나죠. 학생들이 목숨을 걸고 공부한다 고 해도 과언이 아니에요.
> (…)
> 왕강: 학교에서도 왕따를 비롯해서 폭력 문제가 심각하다지요? [141]

위 대화문은 고급 수준의 외국인 학습자를 위한 한국어 교재에 실린 것이다. 위의 예에서 문법 사항의 학습 목표는 '-다고/라고 하는

---

141) 한양대학교 국제어학원 편(2014), 『한양 한국어 5』, 한양대학교 출판부, p. 65.

데/-다는/라는 말이 있는데' '-(ㄴ/는)다고 하다+-지요?'이다. 알고 있
거나 들은 사실을 확인할 때 쓸 수 있는 구문을 활용해서 '한국의
교육'을 대화 주제로 삼고 있다. 이 교재의 대화는 실재 자료는 아니지
만, 교재 제작 시에 의사소통 능력 향상과 한국 문화에 대한 이해의
폭을 넓히게 하고자 하는 의도 속에 최대한 자연스럽고 한국인들이
해당 주제에 대해서 말함직한 내용들을 포함하고 있다. 이와 같이
뉴스나 다른 미디어 자료들에서 들은 말들과 목표어 화자한테 들은
말들은 외국인 학습자에게도 목표 문화에 접근하고 자신의 생각을
표현하는데 가장 기본적인 언어적 재료가 된다.

　이러한 다성성(polyphonie)[142]은 외국어 학습자를 위해서 만들어
진 대화 모형에서 뿐만 아니라 실제 우리의 발화에서 언제나 관찰되
는 현상이다. 우리는 흔히 다른 사람에게서 들은 말이나 읽은 말을
자신의 발화를 구성하기 위한 기본적인 재료로 삼는다. 따라서 어떠
한 문화적 주제를 다루던지 특정 주제를 중심으로 구성되는 우리의
발화는 '다성적'인 특성을 지닌다. 예를 들어 프랑스 언어공동체에

---

142) '다성성(polyphonie)란 발화의 생산에 발화자 이외의 복수의 목소리가 개입되는 현
　　상이다. 바흐친에 따르면 우리는 인간의 모든 언어적 역할을 독립된 고유한 주체에
　　게만 돌릴 수 없으며, 어떤 발화도 단 한사람의 발화자에게만 속한 것이 될 수 없다.
　　바흐친의 대화주의 이론의 영향을 받은 언어학자 뒤크로의 발화 다성 이론의 목표는
　　"발화 행위에서 발화가 복수의 목소리의 중첩을 어떻게 표지하는지를 보여주는 것"
　　이다. 이를 위해 뒤크로는 말하는 주체를 경험적 주체로서의 '말하는 주체(sujet
　　parlant)'와 'je'로 표시되는 발화의 주체인 '화자(locuteur)'와, 발화 행위를 통하여
　　의미 내용을 책임지는 주체로서의 '발화 행위자(énonciateur)'로 분류하였다. 뒤크로
　　는 다성 이론을 통하여 구조주의 언어학 이래로 암묵적으로 수용되어온 말하는
　　주체의 단일성을 거부하면서, 담화의 의미는 문장 차원에서 이루어진 의미 작용의
　　합산이 아니며, 담화의 의미를 기술하기 위해서는 하나의 발화 안에 내재한 다성적
　　인 발화 주체들의 목소리를 찾아 이해하는 것이 중요하다는 것을 밝히고자 하였다.
　　Ducrot, O.(1984), *Le dire et le dit*, Les éditions de Minuit. p. 183.

속한 화자에 의해서 말해지거나 쓰여 지는, 프랑스 사회에서 빈번하
게 담화의 대상이 되고 있는 문화적 주제를 다루는 발화에는 담화의
일반적인 특성들이 나타나게 된다. 구어든 문어든 모든 발화들은
간접화법이나 직접화법으로 출처가 명시적으로 밝혀지거나, 때로는
해당 문화적 주제에 관해서 프랑스 공동체의 보편적인 여론을 내재화
시켜 가지고 있는 화자에 의해 분명히 출처가 밝혀지지 않은 다양한
여론을 기호적 재료로 하여 생산된다. 발화에는 발화자가 무의식적이
거나 또는 의도적으로 전달하는 일반적인 여론이나 특정 공동체의
목소리, 주변의 발화들이 포함되게 된다. 다음의 예를 보도록 하자.

Avec mon père, rien ; c'est comme s'il n'existait pas pour moi
et, pour lui, je pense, c'est comme si je n'existais pas. C'est curieux
; il existe pour moi à travers ma mère, ce que m'en dit ma mère,
c'est-à-dire, à peu près, ceci, 《ton père m'a dit..., ton père pense
que..., ton père veut que..., ton père demande que..., que va penser,
que va dire ton père..., fais attention que ton père le sache..., il ne
faut pas que ton père sache que...》, etc. (...) c'est normal, c'est à
elle qu'il appartient de veiller à tout..., à la bonne conduite de sa
fille. J'entends mon père lui dire, 《c'est ta fille...》 ou 《Ta fille est
comme ça..., pense comme ça..., a fait comme ça...》; donc c'est sa
faute à elle en tant que mère de cette fille.[143]

---

143) Bourdieu, P.(1993), 위의 책, p. 1332.

아버지하고는 전혀 관계가 없었지요, 전혀. 내게는 아버지가 없는 거나 마찬가지였어요. 하기야 이건 내 생각이지만 아버지도 그랬을 거예요. 아버지에게도 내가 없는 거나 마찬가지였을 거예요. 이상하죠, 내게 있어 아버지는 어머니를 통해서만, 어머니의 말을 통해서만 존재하는 사람이었으니 말이에요. "네 아버지가 그러시는데…… 너의 아버지 생각에는……아버지가 원하시는 건…… 아버지가 뭐라고 하실까…… 아버지가 어떻게 생각하실까…… 아버지가 이걸 아시면 안 되는데…… 아버지에게 뭐라고 말해야 하니, 아버지에게 이야기해 보마……" 등. 순전히 그런 말을 통해서만 아버지의 존재를 느낄 뿐이었어요.

(…) 날 감시하는 역할을 어머니가 맡고 있었으니까요. 어머니도 딸 교육을 제대로 시키라는 말을 무수히 들으셨으니까 어쩔 수 없었겠지요. 나는 아버지가 어머니에게 이렇게 말하는 걸 너무나 많이 들었어요. 당신 딸이니까…… 당신 딸이 그러니…… 당신 딸 생각은 이런 거 같은데…… 당신 딸이 이랬고 , 당신 딸이 저랬고, 당신 딸이 뭘 어떻게 했고…… 등등의 말이오. 말하자면 당신 딸이니 당신 책임이다라는 거였어요.[144]

위 발화에는 다성성이 선명하게 나타나고 있다. 발화자는 어머니의 말을 직 간접 인용하고 있고, 어머니의 말은 아버지의 생각과 말을 전달하는 형태이다. 위의 발화는 실제로 사회학자가 인터뷰한 발화를 녹취한 것으로 언어 교육이나 언어학 연구를 위하여 인위적으로 만들어진 발화가 아니다. 발화자는 프랑스어를 모국어로 사용하면서 자신

---

144) 김주경 역(2002), 위의 책, p. 1402.

의 가족과 정체성의 갈등에 대해 이야기하는 오늘날 프랑스 땅에 실제로 존재하는 여성이다. 위 발화의 '어머니'나 '아버지'처럼 출처가 명확히 밝혀지기도 하지만, 발화자가 인용하는 '타자의 발화'는 구체적인 인물이나 단체로서 출처를 명확히 밝힐 수 없는 경우도 많다. 사회적 존재로서 '나'의 내부 의식을 이루는 여론이나 다른 하위문화[145] 공동체의 발화일 수 있다. 나의 발화는 해당 주제에 대해서 공동체 안에 축적된 발화들에 응답하고 질문하고 반대하며 의미를 구성한다. 인용 표시가 되거나 통사나 어휘 수준에서 다른 출처로부터 온 발화임이 표시되기도 하지만 인용 표시 없이 나의 발화 안에 편입된 경우도 많다.

Les clandestins.
Voici ce qui fait peur à la France : les immigrés clandestins.(...)
Il y a déjà tant de chômage ici qu'on finit par ne plus rien dire.
Pas de place pour tout le monde.
(이것이 프랑스를 겁먹게 하는 것입니다. 즉 불법 이민자들이죠.(...)이미 이 곳에는 너무나 많은 실업자가 있기 때문에 더 이상 할 말이 없는 것입니다. 모두에게 일자리는 없지요.[146])

---

145) wikipédia백과사전에 따르면 '하위문화(sous-culture)'란 어떤 사회의 광범위한 문화적 총체 내부에서 특정한 집단이 형성한 고유한 가치들(valeurs), 실행들(pratiques), 규범(normes)들을 말한다. 예를 들어 지역 공동체, 인종과 성별 나이에 따라, 또는 동성연애자나 비행 청소년들과 같은 특정 사회 집단들은 프랑스 문화의 하위문화를 이룬다. 자세한 내용은 http://fr.wikipédia.org/wiki/sous-culture를 보면 알 수 있다.
146) Monnerie, A.(1996), *La France aux cent visages*, Hatier/Didier F.L.E, p. 194. 밑줄은 필자가 첨가하였다.

위의 텍스트 전체를 읽어본다면 밑줄 친 부분의 발화 주체는 필자 개인이 아니라 실업 문제를 불법 체류자와 연결시키는 프랑스 여론의 목소리라는 것을 알 수 있다. 이와 같이 타자의 발화는 나의 발화를 이루는 가장 기본적인 재료이며 나는 언제나 타자의 발화와의 상호작용 속에서 나의 발화를 구성해나간다. 결론적으로 발화의 다성성으로 인해 개인 발화 안에 집단의 발화가 편입되게 되며, 의사소통의 내용 측면에서는 개인의 정체성 뿐만 아니라 발화자가 무의식적/의식적으로 상호작용하고 있는 하위 집단의 정체성이 암시되게 된다. 외국어 교육과 결합되는 문화 교육은 개인의 발화 안에 담겨진 개인의 발화와 집단의 발화 사이의 긴장과 역동성에 주목해야 한다.

4.3. 의사소통의 내용과 형식: 발화에 담겨진 개인과 사회

결론적으로 외국어 교육을 통한 문화 교육은 목표어의 구어나 문어 말뭉치 자료(corpus)를 통해서 목표어 공동체에 속한 발화자가 특정 대화 주제를 전개하면서 벌이는 발화의 움직임을 관찰하고 분석하면서 이루어져야 한다. 개인의 발화는 반드시 개인의 독백이 아니고 발화 안에 그 내용과 형식면에서 이미 개인과 사회의 역동적인 상호작용이 녹아들어 있다. 그 지점을 외국어로 표현된 발화 속에서 탐색하는 작업을 통하여 학습자는 목표어 사회의 모습과 개인의 생생한 목소리를 들을 수 있다. 지금까지 3장과 4장에서 전개한 논의를 요약하면 다음 표와 같다.

[표 7] 의사소통의 내용과 형식

발화＼발화자	개인	사회/집단/공동체
의사소통의 내용 (=담화의 주제)	A. 개인적 정체성	C. 집단적 정체성
의사소통의 형식	B. 빠롤적 측면	D. 랑그적 측면

즉 개인의 발화에는 의사소통하려는 내용과 그 내용을 담는 그릇으로서 발화자가 채택한 의사소통의 형식이 나타난다. 사회적 존재이자 타자를 향해 말하는 의사소통하는 존재로서 개인의 발화에는 개인의 언어나 개인의 정체성을 넘어 그가 속한 집단의 문화적 정체성과 랑그적 측면이 발현된다. 결론적으로 외국어 교육의 문화 교육은 위의 표에 나타난 A, B, C, D의 요소들이 만나고 교류하는 지점을 탐색하면서 이루어져야 한다. 특히 외국어의 말하기 수업이든 읽기 수업이든 간에 가공자료가 아닌 실재자료를 수업 텍스트로 삼는 경우 A와 B의 특성은 더욱 선명하게 드러난다. 가공자료의 경우에서도 교재 집필진은 최대한 원어민 발화의 자연스러운 특성이 반영되도록 대화문이나 읽기 지문을 구성하거나 집필자 자신의 발화의 특성이 나타나기 때문에 결국 의사소통적 접근법 이후의 교재와 대화 모형들 속에서는 A, B, C, D의 특성이 모든 발화에 드러난다. 본고에서는 이론적 측면에서 언어 교육적으로 주목해야 할 점을 중심으로 각 항목들을 논의하였다. 외국어 교육이 이루어지는 교육 기관의 특성이나 목표, 강좌의 특성에 따라 발화 안에 담겨진 어떤 측면을 집중적으로 학습할 것인가는 바뀔 수 있지만, 외국어 교육과 문화 교육이

함께 이루어지는 경우 수업자료나 목표는 A, B, C, D의 특성이 만나는 지점에서 분석되어야 한다. 예를 들어 개인 발화의 빠롤적 측면이 강하게 부각되는 문학 작품의 발췌본은 A+B의 특성을 중심으로 교수/학습되어야 하며, 언어학자에 의해서 녹취된 대화문일 경우에는 특히 B+D의 특성을 위주로, 실제로 언어공동체에서 의사소통되는 형식들과 발화자 언어의 개인적 특징들을 탐색하여야 한다. 내용 위주로 녹취된 대화문일 경우에는 A+C 항목을 중심으로 발화자가 전달하고자 하는 내용과 암시적으로 드러나는 해당 주제에 대한 다양한 하위집단들의 정체성과 같은 특성들을 살펴보는 것이 중요하게 된다.

　다음 장에서는 원어민의 실제 발화들을 녹취한 자료들을 분석해보면서 지금까지의 논의가 실제 외국어 교육 현장에서는 어떻게 적용될 수 있는지 알아보도록 하자.

V. 외국어와 외국 문화 이해 교육: '개인과 집단의 정체성 읽기'

우리는 특정한 언어와 문화 공동체에서 태어나고 성장한 우리 자신의 경험을 통해서 언어와 의사소통, 문화는 직접적인 연관성을 가지고 있음을 직관적으로 알 수 있다. 특정 가족의 일원으로 태어난 이후, 특정 종교 공동체에 속하거나 무신론자로서, 특정 계급과 민족, 국가의 구성원으로 살아오면서 우리는 '문화속의 개인'으로서 언어생활을 영위하고 정체성을 형성해나간다. 그러나 '문화'라는 것은 공기처럼 우리 주변을 언제나 감싸고 있는 것이기에, 우리는 자신과 자신의 언어가 언제나 문화적 맥락 속에 있다는 것을 의식하지 못할 때가 있다. 외국어를 배우는 것은 나의 모국어 문화와 다른 문화를 만나는 과정인데, 이 때 학습자들은 목표 문화를 의도적으로 배우게 된다. 목표 문화는 외국어 학습의 전 과정에 스며들어 있다. 외국어를 새롭게 배우면서 다른 소리와 문법을 알게 되고, 배운 외국어로 원어민 화자들과 의사소통 하면서, 나의 모국어 문화와 다른 문화 속의 개인을 만나는 경험을 하게 된다.

본고에서는 실제 의사소통의 맥락에서 생산된 발화 자료들을 통해 개인과 개인이 만나는 면대면 대화와 같이 외국어와 외국 문화를 만나는 경험이 될 수 있는 방향들을 제시해보고자 한다. 특히 앞서 논의한 내용들을 실제 외국어 수업 속에 반영하여 외국어 교육을 통한 문화 교육을 구상할 때, 수업 자료를 어떻게 해석하고, 학습자들에게 외국어와 문화의 주요한 내용들을 전달할 수 있을지 모색해볼 것이다. 이를 위해 우리는 프랑스의 사회학자 부르디외 연구팀이 수집한 『세계의 비참』에 수록된 발화들을 토대로 프랑스어 교육과 프랑스 문화의 교육을 결합시킨 독해 방식의 예를 보이고자 한다.[147] 영어나 외국어로서의 한국어 역시 사회학이나 문화 인류학, 언어학 분야에서 구축된 실제 발화들[148]이 있을 것이다. 해당 언어를 모국어로 사용하는 발화자에 의해서 특정한 문화적 주제에 관해 자연스럽게 말해져서 녹취된 발화들이야말로 언어 교육적 측면에서나 문화 교육적 측면에서 '소통 능력'을 키우면서 해당 언어의 살아있는 모습을 배울 수 있는 가장 훌륭한 언어 교육 자료가 될 수 있다. 앞서 논의한 바와 같이 이러한 발화들에서는 A, B, C, D의 특성들이 나타난다. 발화에 따라 특히 부각되는 특성은 다르므로 교수자는 미리 사전에 자료를 분석하여 학습 목표를 정하여야 한다.

[표 8] 의사소통의 내용과 형식

발화 \ 발화자	개인	사회/집단/공동체
의사소통의 내용 (담화의 주제)	A. 개인적 정체성	C. 집단적 정체성
의사소통의 형식	B. 빠롤적 측면	D. 랑그적 측면

---

147) 본고에서는 외국어 교육보다 문화 교육의 관점에서 구체적 발화 자료를 기반으로 일반적인 프랑스 문화 이해로 확장시킬 때 교수자가 놓치지 말아야 할 내용을 주로 논의하였다.

148) 본고의 논의에서는 구체적으로 해당 언어를 모국어로 하는 원어민 말뭉치 자료를 지칭한다.

위의 표를 참고할 때 이번 장에서 다룰 발화들은 특히 A와 C의 특성이 부각된 자료들이라고 할 수 있다. 『세계의 비참』에서 발췌한 발화들은 사회학자 부르디외가 지휘한 연구팀들이 각계각층의 프랑스인들과 외국인들을 인터뷰해서 녹음하여 수집된 담화들로 모두 어휘나 문장 수준에서 발화의 내용 측면을 위주로 녹취되었기 때문이다.[149] 또한 우리가 선택한 자료들은 발화의 주제 역시 '프랑스 속의 이슬람'과 '문화적 정체성'과 '프랑스의 지식인'이나 '일과 소명의식'이라는 프랑스 문화 교육의 중요한 테마를 중심으로 전개되고 있다. 본고에서는 각 발화들 속에서 발화자 개인의 정체성과 프랑스라는 집단의 정체성이 어떤 방식으로 표출되고 있는지 분석해보면서 외국어 교육이자 문화 교육이 될 수 있는 독해 방식의 한 가지 사례를 들고자 하였다.

---

149) 언어학자들에 의해서 녹취되는 경우에는 말 줄임이나 반복, 더듬거림, 발화 사이의 침묵, 발음의 변이형 등과 같은 언어적, 준언어적 목록들까지 자세히 표기된다.

5.1. 문화 속의 개인

프랑스에는 약 500만 무슬림 인구들이 거주하는 것으로 알려져 있다. 프랑스어를 할 줄 모르고 하급 노동직에 종사하는 1세대와는 달리 이민 2세대들은 프랑스에서 태어났거나 어린 시절에 이민을 왔으며 프랑스의 공립학교에 다닌다. 많은 경우 이민 2세대들은 부모의 고향 문화와 현지 문화 사이에서 정체성의 혼란을 극심하게 겪는다. 이들이 겪는 갈등과 혼란은 아버지의 고향 문화이자 전통 문화인 이슬람의 가치관과 프랑스 본토에서 태어났거나 매우 어린 시절부터 이민해 와서 프랑스어를 모국어로 가지게 된 이민 2세대 사이에서 벌어지는 서로 다른 문화적 정체성 사이의 갈등이다. 사회학자 부르디외의 지휘 아래 수집된 『세계의 비참 Ⅲ』에 수록된 파리다(Farida)의 발화 속에는 이러한 개인의 정체성과 집단의 정체성의 문제가 드러난다. 파리다는 프랑스로 이주해온 알제리인 부모 밑에서 성장한 이민 2세대, 35세의 미혼 여성이다. 그녀는 이슬람의 보수적인 여성관을 바탕으로 장녀인 파리다를 교육시키고자 한 알제리 출신 부모로부터 독립하기까지 사회와 격리되어 집안에 갇혀 살다시피 한 성장기를 보냈다. 그녀의 인터뷰 내용은 프랑스에 이민 온 가정 내부에서 첨예하게 발생했던 부모와 자식 간의 갈등을 통해 서로 다른 문화권 사이의 충돌의 축소판을 보여준다. 특히 파리다에게 강요된 이슬람의 여성관과 일상 속 억압의 형태를 통해 '문화'의 이름으로 가해지는 정신적인 폭력과 일방적 의사소통의 폐해를 보게 된다. 또한 두 개의 이질 문화가 교차하는 이민 가정 구성원들의 정체성의 문제, 세대 갈등, 한 개인의 성장과 독립, 자아 성찰의 과정들이 드러나고 있다.

5.1.1. 프랑스 땅, 이슬람 가족의 딸들

프랑스 사회를 이해하는 핵심 어휘로서 '이민자(immigré)'는 중요
한 용어가 되었다. 이미 수적으로 이민자는 프랑스 전체 인구 6천만
중 500만 명을 넘어서고 있고, 매년 10만 명의 이민자가 프랑스에
합법적으로 들어와 프랑스라는 국가 공동체에 편입하고 있다.[150]
특히 무슬림은 이민자들의 대부분을 차지하며, 이슬람은 가톨릭에
이어 프랑스 제 2의 종교가 되었다.[151] 제 2차 세계대전 이후 프랑스
로 대거 이주해 온 북부 아프리카(알제리, 모로코, 튀니지) 출신의
가정에서는 가톨릭과 공화국 정신[152]을 바탕으로 한 프랑스 사회
속에서 고향의 전통과 이슬람의 종교적 가치관을 잃지 않고자 하는
이민 1세대의 몸부림이 자녀 세대와의 첨예한 갈등으로 나타난다.
타 문화권 사람들에게 이슬람 문화는 가부장제와 여성 차별적인 특성
으로 악명이 높다. 이슬람 국가의 일부다처제나 베일의 의무적인
착용, 명예 살인과 여성 할례뿐만 아니라 이슬람 원리주의를 표방했
던 국가들에서 여성을 대상으로 행해졌던 수많은 사례들을 통해 우리
는 이슬람의 종교적 전통 자체를 여성의 인권을 침해하는 문화로
인식하게 되었다.[153] 이슬람 국가에서 프랑스로 이민 온 가족의 경우

---

150) 장한업 역(2013), 위의 책, p. 187.
151) 서울대학교 불어문화권 연구소(2014), 『프랑스, 하나 그리고 여섯』, 강, p. 25.
152) 공화국의 이념은 '자유, 평등, 박애'로 대표된다. '종교'와 관련된 혁명 이후의 프랑스
    공화국 정신을 대표적으로 요약하는 용어 중의 하나는 '라이시떼(laïcité)'로서 우리
    말로는 '정교분리' '비종교성' 등으로 번역된다.
153) 이슬람 문화 연구자들은 이슬람의 여성 차별적 특성은 이슬람 고유의 종교적 전통만
    이 아니라 사막 유목민의 가부장제적 특성, 중동의 근대화 과정의 특수성들을 역사
    적 맥락에서 고려해보아야 한다고 지적한다. 이슬람의 경전인 '꾸란'에 따르면 여성

는 더욱 이슬람의 전통적인 여성관과 프랑스 현지 문화와의 차이로 인한 혼란과 세대 간의 갈등을 겪게 된다.

1) '집'에 갇힌 여성: 격리

이슬람 여인들을 떠올리면 '베일'로 머리와 얼굴을 감싼 모습이 연상된다. 이슬람 문화 공동체의 여성관을 보여주는 상징인 '베일'은 형태에 따라 전신을 은폐하는 '부르카'나 얼굴만 노출하는 망토형 '차도르', 두건 모양인 '히잡' 등으로 나뉜다. 일반적으로 아랍 국가에서는 '히잡'이라는 명칭으로 통용되는데 '히잡'은 아랍어로 '가리다' 혹은 '격리하다'라는 말에서 파생된 단어라고 한다.[154] 프랑스 정부는 2004년 8월 31에 '무슬림 여성의 베일 착용 금지법'[155]을 제정하였는데 이 법안은 프랑스 사회 내 이슬람 단체와 무슬림들의 강력한 반발을 불러일으켰다. 이와 같이 무슬림들은 프랑스에 살면서도 베일 착용을 고수하면서 이슬람의 종교적 정체성을 표현하고자 한다. 그러나 프랑스 사회의 소수자로서 고향 문화의 집단적 정체성을 수호하고자 하는 프랑스 내 무슬림 가장들의 의지는 가정에서는 폭력적인 가부장의 모습으로 변질되기 쉽다. 아내와 딸들을 이슬람의 바람직한

은 남자와 인격적 차원에서 동등하나(남녀동격관), 생물학적 차이로 인해(남녀유별관) 남성의 보호를 받아야 한다(여성보호관). 오은경(2014), 『베일 속의 여성 그리고 이슬람』, 시대의 창, pp. 132-138.

154) 오은경(2014), 같은 책, p. 80.

155) 프랑스의 정교 분리 원칙에 입각하여 제정된 이 법안은 "공립 초등학교, 중학교, 고등학교는 종교적 소속을 밖으로 드러내 보이는 복장과 표시의 착용을 불허" 하며 "내부 규정은 처벌 이전에 학생과 먼저 대화할 것을 명시"하고 있다. 장한업 역 (2013), 위의 책, p. 82.

여성으로 만들고자 하는 무슬림 가장들은 외부로부터 여성들을 가리고 격리하는 의미를 상징하는 '히잡'처럼 그녀들을 사회로부터 '격리' 하고자 한다.

C'était la surveillance en permanence, j'étais épiée dès que je sortais de la maison. Sortir...c'était sortir pour aller à l'école, de la maison à l'école et de l'école à la maison, c'est tout. Il n'y avait pas d'autre sortie que ça. Et même cette sortie obligée était suspecte. A la fin, j'avais honte, mon père venait m'attendre à la sortie du collège.[156][157]

집만 나섰다 하면 그때부터 감시의 눈이 따라왔지요. 외출을 하면……, 외출이라고 해봤자 학교에 가는 게 전부였는데. 하여간 나는 집에서 학교로, 학교에서 집으로 그것밖에 없었어요. 그 외에는 어떤 외출도 허락되지 않았지요. 그나마 학교에 가는 것도 감시의 대상이 되었어요. 나만 학교에 보내고 나면 걱정을 태산같이 하던 아버지가 드디어 학교 문에서 날 기다리기 시작하셨답니다.[158]

위 인터뷰 내용처럼 딸을 향한 아버지의 '끊임없는 감시 (surveillance en permanence)'가 행해지고 외출은 허락되지 않는다. 발화자인 파리다는 알제리에서 이민 온 부모를 둔 가족의 장녀이다.

---

156) Bourdieu, P. (1993), 위의 책, p. 1402.
157) 『세계의 비참』의 한국어 번역본은 프랑스 원서와 비교해 볼 때 자연스러운 대화체의 흐름을 살리고자 직역보다는 의역을 많이 하였다. 또한 본고에서 사용한 발췌 부분들과 번역본의 문장 순서가 한국어의 특성상 정확히 일치하지 않은 경우도 있다. 여기서는 프랑스어를 모르는 독자들을 위해서 한국어 번역본을 그대로 사용하였다.
158) 김주경 역 (2002), 위의 책, p. 1398.

새로운 땅에서 본인 스스로 정체성의 위기를 겪게 되면서 부모의
역할을 수행하게 되는 이민 1세대 부모로 인해 이민자 가족의 장녀는
다른 자매나 형제들에 비해서 더욱 가족의 희생양이 되기 쉽다. 학교
에서는 프랑스어와 프랑스 문화 속에서, 집에서는 아랍어와 이슬람
문화 속에 살아가야 하며, 두 문화 사이에 속해 있는 자녀의 혼란에
무지한 채, 고향의 전통적 가치관을 고수하려는 부모로 인해 고통을
받는다.

Je connais beaucoup de filles qu'on a élevées comme moi, des
parentes ou des voisines, et qui ont choisi de fuguer. Elles ont toutes
mal tourné parce qu'elles n'avaient pas les moyens – d'où leur
viendraient-ils quand on a été enfermées toute sa vie à la maison
– de s'en tirer, ni métier, ni même l'idée de ce que c'est le travail,
ni hébergement, ni relation, ni aide, d'où qu'elle vienne, de personnes
qu'on connaît ou de services, assistantes sociales, chômage, qu'elles
ne connaissent pas.[159]

이웃이나 친척들 중에도 나처럼 키워지는 여자애들이 아주 많았어
요, 모두 같은 처지이지요. 그런 애들 중에는 가출을 택한 애들도
있었는데 항상 잘못된 길로 풀렸어요. 어쩔 수 없죠. 다른 방법이
없으니까. 나쁜 길로 빠지지 않고 살아갈 방법이라는 게 도대체 어디
서 나오겠어요? 그 나이까지 한 거라곤 집 안에 갇혀서 살아온 일밖에
없는데. 직장이 있나, 일자리 구하는 법을 알길 하나, 머물 집이 있나,

---

159) Bourdieu, P. (1993), 위의 책, p. 1334.

아는 사람들이 있길 하나, 누구의 도움을 받을 수 있나. 사회복지 제도가 있다는 걸 알길 하나, 실업 수당이 있다는 걸 알길 하나, 아무것도 아는 게 없는데 어떻게 살아갈 방도를 찾을 수 있겠어요.160)

여기서 '나처럼 키워지는 여자애들(beaucoup de filles qu'on a élevées comme moi)'은 프랑스 사회와 차단되어 공적 장소와 교육과 경제 활동의 기회를 박탈당한 채 '집 안에 갇혀서(enfermée toute sa vie à la maison)' 살아온 무슬림 여성들이다. 여성의 몸을 가리고 섹슈얼리티를 통제하고자 하는 베일 착용 관습처럼 기원 후 1세기 동안 여성을 공적 공간으로 부터 격리시키고 집안에 감금시키는 것은 이슬람 문화권의 오랜 관습이 되었다.

2) 공동체의 시선: 감시, 타자들의 담화

De mon temps, l'obsession de mon père, il le disait à tout le monde, j'ai entendu ça plusieurs fois, 《il n'est pas question qu'on voie ma fille dans le bus, je ne saurais où me mettre ! 》 Il allait jusqu'à dire qu'il se tuerait si cela lui arrivait. Et je le croyais, tout le monde le croyait. C'était comme un chantage..., un chantage qui n'a servi à rien sinon à gâcher la vie pendant des années ; moi, ça m'a fait perdre beaucoup de temps. Et effectivement, tout ce que j'entendais à l'époque, c'était, 《on a vu la femme d'un tel...on a vu la fille de tel autre..., dans la rue, au marché, dans le bus ! 》 Donc les

---

160) 김주경 역(2002), 위의 책, p. 1405.

quelques-unes qu'il y avait, il fallait pas qu'on les voie. C'était la honte, il y avait de leur honneur comme ils disaient. Donc se cacher, se cacher et ne faire que ça en attendant que les murs de la maison se ferment et cachent plus sûrement.[161]

나는 아버지가 다른 사람들에게 하는 말을 수도 없이 들었지요. "사람들이 우리 딸을 버스 안에서 쳐다본다는 건 있을 수가 없어. 만일 그런 일이 일어난다면 난 어찌할 바를 모르겠지!" 그러면서 심지어는 만일 그런 일이 일어난다면 차라리 스스로 목숨을 끊어 버리겠다고 까지 말했을 정도랍니다. 그러면 난 그 말을 믿었어요. 나뿐만 아니라 모든 사람들이 그 말을 믿었지요. 그건 말하자면 공갈 협박 같은 거 였어요……. 수 년 동안 내 인생을 망쳐 놓았던 공갈협박 이었지요. 그 말이 내게서 너무나 많은 시간을 빼앗아 갔어요. 그 말 외에도 당시에 내가 늘 들었던 말은 이런 거였어요. "오늘 아무개 씨의 부인을 길에서 봤다……어제는 누구누구의 딸을 어디서 봤 다……시장에서 봤다. 버스 안에서 봤다!" 들려오는 소리라곤 늘 그런 소리였지요. 좌우지간 여자들은 절대로 아는 사람들의 눈에 띄면 안 되는 거예요. 그건 수치스러운 일이라는 거지요. 그러니 항상 숨어야 하는 거예요. 그저 사람들의 눈에 띄지 않도록 집 안에 몸을 꽁꽁 숨긴 채 문을 걸어 잠그고 있어야만 비로소 안심할 수 있는 거죠.[162]

161) Bourdieu, P.(1993), 위의 책, pp. 1329-1330.
162) 김주경 역(2002), 위의 책, p. 1399.

- 《on a vu la femme d'un tel...on a vu la fille de tel autre..., dans la rue, au marché, dans le bus ! (오늘 아무개 씨의 부인을 길에서 봤다……어제는 누구누구의 딸을 어디서 봤다……시장에서 봤다. 버스 안에서 봤다!)》이민 사회 내 민족이나 친족, 종교 공동체라는 문화적 게토 안에서 '시선'은 탁월한 통제력을 발휘한다. 친족 공동체 구성원의 보이지 않는 시선은 프랑스 땅에서도 무슬림 여성이 공공장소에 가는 것을 통제하고 다른 남성의 눈에 띄는 것만으로 단죄하고 있다. 위 부분에서는 '여성 격리'라는 이슬람 문화권의 여성관이 극명하게 보고되고 있다. 특히 무슬림 여성 주변에서 늘 떠도는 '타자의 담화'들《on a vu la femme d'un tel...on a vu la fille de tel autre..., dans la rue, au marché, dans le bus ! (오늘 아무개 씨의 부인을, 누구누구의 딸을……길에서, 시장에서, 버스에서 봤다!)》은 프랑스 땅에서 새로운 문화적 세례를 받으며 살아가기 시작한 무슬림 여성들을 이중으로 억압하고 있는 현실을 보여주고 있다. 이슬람의 가부장적 문화는 여성들이 아버지나 남편 외의 남성들의 시선을 받아서는 안 된다고 가르친다. 또한 무슬림 여성들에게 '정숙함'과 '순결 이데올로기'를 끊임없이 강요해왔다. 《il n'est pas question qu'on voie ma fille dans le bus, je ne saurais où me mettre ! (사람들이 우리 딸을 버스 안에서 쳐다본다는 건 있을 수가 없어. 만일 그런 일이 일어난다면 난 어찌할 바를 모르겠지!)》라고 말한 후 심지어 다른 남자들이 자기 딸을 쳐다보는 일이 발생한다면 자살까지 감행하겠다는 아버지의 발화는 프랑스 내 무슬림 이민 가정에서 발생했을 폭력적인 의사소통 방식과 가부장의 모습들을 짐작케 한다. 우리는 위 발화를 통해 프랑스 사회 내 종교와 인종의 하위문화인 이슬람 이민

공동체의 문화적 정체성과 가정 안에서 행사되는 방식들을 짐작할 수 있다.

3) 아버지와 딸

Oh! un incident. Il y a longtemps, c'était l'année qui a suivi la fin de ma scolarité, donc 17 ans. De la maison, j'entends mon petit frère dans la rue pleurer. Je passe la tête à la fenêtre pour voir ce que c'est. Évidemment, on m'a vue : un parent, quelqu'un de la famille, un cousin que mon père pourtant n'aimait pas et lui non plus, ne nous aimait pas – c'est sans doute pour ça – et il ne parle pas à mon père, ce jour-là dès qu'il l'a vu, il se dépêche de lui dire, 《J'ai vu ta fille regarder par la fenêtre...》. Je comprends ce qu'a pu être la colère de mon père de se voir rapporter cela et donc reprocher cela. Mon père rentre à la maison et sans que je sache pourquoi, il me fout une paire de gifles.[163]

아 ! 말도 마세요. 사건이 났으니까요. 내가 중학교를 졸업한 다음 해니까 17세 때 일이네요. 집에 있었는데, 밖에서 막냇동생이 우는 소리가 들리는 겁니다. 그래서 무슨 일인가 보려고 창문 밖으로 머리를 내밀었지요. 그랬는데 그걸 누가 본 거예요. 친척 한 사람이, 우리 아버지 사촌이었어요. 그런데 아버지가 아주 싫어하는 사람이었죠. 그 사람도 우리 가족을 싫어했고요. 한 마디로 사이가 안 좋았

---

163) Bourdieu, P.(1993), 위의 책, pp. 1330-1331.

는데, 말하자면 그래서 생긴 일이라고 할 수 있어요. 평소에 아버지하고 말도 안하는 사람이 날 창문에서 보자마자 아버지에게 가서 그 얘길 한 거지 뭐예요. "자네 딸이 창문으로 밖을 내다보는 걸 봤네, 딸 단속 좀 제대로 하지 그래……." 그 사람이 당장 아버지에게 달려가서 그걸 고자질하고, 고소하다는 듯이 비난조로 말했다니, 우리 아버지의 화가 머리 꼭대기까지 솟았으리라는 건 말할 필요도 없는 거죠. 아버지는 집으로 돌아오자마자 내게 어찌 된 일인지 묻지도 않고 다짜고짜 내 뺨을 두 세 차례 후려갈겼어요.[164)]

이슬람 사회는 사막 유목민의 남성 중심의 가부장 문화를 기반으로 하고 있다. 이슬람 문화권에서 혈통과 가문의 명예는 오로지 남성들을 위한 것이다. '인권'과 '성 평등'이 인류의 보편적 가치로 확산되고 있는 이 시대에 아직도 '명예 살인'이 행해지고 있는 바에서 알 수 있듯이 "여성은 기본적으로 남성 구성원에게 종속되며, 여성의 과오가 아버지나 남자 형제 또는 남편의 명예를 훼손한다는 생각은 중동 지방 사람들의 의식 속에 깊이 뿌리박혀"있다.[165)]

- 《J'ai vu ta fille regarder par la fenêtre(자네 딸이 창문으로 밖을 내다보는 걸 봤네)》: 여기서는 사촌(un parent)의 발화가 인용되었는데, 소규모의 친족 집단의 시선이 개인을 끊임없이 통제하고 있음을 보여준다. 프랑스 땅에 사는 이슬람 이민 가족 안에서 이슬람 문화의 '하렘', 여성 격리의 관습이 재현되고 있다. 아버지에 의해 이미 집안

---

164) 김주경(2002), 위의 책, pp. 1400-1401.
165) 오은경(2014), 위의 책, p. 20.

에 갇혀 살다시피 하면서 주류 사회와 격리되어 있는 딸이 창문을 통해 밖을 보았다는 것만으로 아버지의 명예를 더럽힌 것으로 여겨지는 프랑스 사회 내 이슬람 공동체의 관습은 오히려 문화의 이름으로 개인의 자유를 훼손하고 있다. 마르티니엘로는 '다문화주의'라는 명목 하에 이민자 공동체와 같은 소수 집단을 보호하고 문화적 차이를 존중한다는 취지들은 오히려 개인의 자유와 충돌할 수 있음을 지적한다. 즉 소수 집단 공동체 안으로 개인의 고립을 조장하는 결과를 낳을 수 있으며 이민자의 후손인 젊은이들에게 이중의 정체성으로 인한 혼란을 초래한다는 것이다. "이민자는 자기의 근원, 문화, 민족 집단을 벗어날 수 없으며, 이국 취향에 가치를 부여하는 사회에서 거의 언제나 한 민족 집단의 구성원으로 인식되고 사회가 강요하는 이국적 이미지에 부합"[166]되어야만 한다. 파리다는 학교 외에는 집에 갇혀 살면서 프랑스 사회 내 이슬람 공동체라는 문화적 게토 안에 고립되어 있다.

   – sans que je sache pourquoi, il me fout une paire de gifles.(내게 어찌 된 일인지 묻지도 않고 다짜고짜 내 뺨을 두 세 차례 후려갈겼어요): 프랑스어도 익숙하지 않고, 출신 국가에서 당연시해왔던 문화적 정체성이 늘 위협받는 가장이 자신의 가족에게 행사하는 의사소통 방식은 더욱 일방적이고 폭력적이다. 프랑스라는 지배 문화, 주류 사회에 소외된 이민 가정의 가장인 아버지와 장녀인 파리다의 의사소통은 일대일 대화로 이루어지는 법이 없으며 어머니를 통해서 전달되

---

166) 윤진 역(2002), 마르코 마르티니엘로 저, 『현대사회와 다문화주의』, 한울, p. 118.

거나 위 발화에서 나타난 것처럼 폭력으로 치닫는다.

　사회 경제적 불평등과 불안이 증가할수록, 배타적이긴 하지만 그 성원을 보호해주는 문화적 민족적 소속 안에서 피난처를 찾는 사람이 많아질 것이고, 그럴수록 자기와 다르다고 생각되는 사람을 거부하게 될 것이다. 문화와 문화적 정체성이 다른 곳에서 체험한 좌절을 보상받은 수단이 되거나 지배도구가 되어버리는 것이다.[167]

　위 글에서 지적한 것처럼 이민국 사회에 동화 과정에서 언어와 문화적 장벽에 어려움을 겪고, 단순 노동자로 종사하면서 사회 경제적으로도 소외감을 느낀 이민자들은 자신들의 출신 국가의 문화나 민족적 종교적 소속을 통해서 정체성을 확인하려 한다. 파리다 아버지의 경우 역시 프랑스어도 제대로 구사하지 못하는 알제리 출신 하급 노동자이다. 프랑스에 이민 와서 가장의 역할을 하는 그는, 본국에서 보다 더욱 '이슬람'의 여성관이나 가부장 문화를 일방적이며 폭력적으로 강요할 가능성이 높아진다.

5.1.2. 이민 1세대와 자녀들: 정체성 상실의 불안

　Avec mon père, rien ; c'est comme s'il n'existait pas pour moi et, pour lui, je pense, c'est comme si je n'existais pas. C'est curieux ; il existe pour moi à travers ma mère, ce que m'en dit ma mère,

---

167) 윤진 역(2002), 같은 책, p. 134.

c'est-à-dire, à peu près, ceci, 《ton père m'a dit..., ton père pense que..., ton père veut que..., ton père demande que..., que va penser, que va dire ton père..., fais attention que ton père le sache..., il ne faut pas que ton père sache que...》, etc. (...) c'est normal, c'est à elle qu'il appartient de veiller à tout..., à la bonne conduite de sa fille. J'entends mon père lui dire, 《c'est ta fille...》 ou 《Ta fille est comme ça..., pense comme ça..., a fait comme ça...》 ; donc c'est sa faute à elle en tant que mère de cette fille.[168]

아버지하고는 전혀 관계가 없었지요. 전혀. 내게는 아버지가 없는 거나 마찬가지였거든요. 하기야 이건 내 생각이지만 아버지도 그랬을 거예요. 아버지에게도 내가 없는 거나 마찬가지였을 거예요. 이상하죠, 내게 있어 아버지는 어머니를 통해서만, 어머니의 말을 통해서만 존재하는 사람이었으니 말이에요. "네 아버지가 그러시는데…… 너의 아버지 생각에는……아버지가 원하시는 건…… 아버지가 뭐라고 하실까…… 아버지가 어떻게 생각하실까…… 아버지가 이걸 아시면 안 되는데…… 아버지에게 뭐라고 말해야 하니……, 아버지에게 이야기해 보마……" 등. 순전히 그런 말을 통해서만 아버지의 존재를 느낄 뿐이었어요. (…) 날 감시하는 역할을 어머니가 맡고 있었으니까요. 어머니도 딸 교육을 제대로 시키라는 말을 무수히 들으셨으니까 어쩔 수 없었겠지요. 나는 아버지가 어머니에게 이렇게 말하는 걸 너무나 많이 들었어요. 당신 딸이니까……, 당신 딸이 그러니…… 당신 딸 생각은 이런 거 같은데…… 당신 딸이 이랬고 , 당신 딸이

---

168) Bourdieu, P.(1993), 위의 책, p. 1332.

저랬고, 당신 딸이 뭘 어떻게 했고…… 등등의 말이요. 말하자면 당신 딸이니 당신 책임이다라는 거였어요.[169]

1) 어머니의 말: 타자들의 발화

- 《ton père m'a dit...(네 아버지가 내게 말씀하셨는데……)》: 어머니가 아버지의 말을 직접 인용하거나 대변하고 있는 부분을 통해 우리는 파리다의 어머니가 고향인 알제리 이슬람 공동체의 지배 이데올로기를 내면화하고 있음을 알 수 있다. 즉 어머니는 이슬람 남성의 말을 주도해서 되풀이하고 있다. 이것은 사회적인 약자의 전형적인 모습이다. 특히 공적 생활에서 차단당한 채 의사소통의 기회를 오랫동안 박탈당한 '언어적 약자'[170]이며 무슬림 여성인 파리다의 어머니는 자신의 고유한 생각을 언어로 표현해 본 경험이 극히 드물다. 그녀 내부의식은 타자의 발화들, 특히 가장인 남편의 발화들로 가득차 있다. 자신의 고유한 생각과 언어가 아닌 남편의 말과 욕망을 직접 인용하면서 딸에게 전달하는 어머니는 딸들이 이슬람 전통의 관점에서 바람직한 여성상에서 벗어날지 모른다는 두려움 속에서 이민 사회에 적응하고 있다. 딸들이 행복한 삶을 살고 정숙한 여성으로 대접받으며 살기 위해선 여성할례를 해주는 것이 어머니의 도리라고 믿는 소말리아 여인들처럼, 파리다의 어머니 역시 이슬람 문화의

---

169) 김주경 역(2002), 위의 책, p. 1402.

170) '언어적 약자'란 의사소통하는데 어려움을 겪는 신체적·정신적 장애인을 말하는 것이 아니다. 말은 할 수 있으나 자신의 고유한 경험과 감정, 생각을 의사소통하는데 불충분함과 소외감을 느끼는 자들이다. 그들의 언어는 수동성과 무기력, 사유하는 능력의 저하, 타자들의 담론과의 경계 불분명이라는 특성들을 보인다. 정우향(2013), 『소통의 외로움』, pp. 147-189.

관습과 가치관에 속박되어 있다. 특히 딸들의 교육에 대한 모든 책임을 어머니에게 전가하는 아버지의 발화로 인해 어머니의 불안과 두려움은 증폭되고 있다.

2) '학교': 프랑스어와 프랑스 문화의 전달지

L'obsession de ma mère, c'est l'école. Tout ça, c'est la faute de l'école. C'est parce que j'ai été à l'école jusqu'à 16 ans. 16 ans seulement, pas un jour de plus. Et quelle école ! Une école de rien du tout. Mais malgré ça, c'est l'école qui 《m'a tourné la tête》 comme dit ma mère. Et de jurer, qu'elle ne se laissera pas faire, qu'on ne l'aura pas encore une autre fois avec mes autres soeurs, qu'elle les retirerait de l'école avant l'âge.[171]

어머니가 강박증을 보이는 또 하나는 학교에 대해서였어요. 모든 것이 학교의 잘못에서 비롯되었다는 거죠. 내가 16세가 될 동안이나 학교를 다녔기 때문이라는 거예요. 남은 두 딸들에게도 의무 교육 기한인 16년 동안만 학교를 보내겠다고 했어요. 꼭 16년만, 그외에는 단 하루도 더 못 다니게 할 거라는 말을 입에 달고 다녔죠. 학교가 무슨 죄가 있어요! 학교가 무슨 잘못을 했냐구요. 그런데도 어머니가 늘 하는 말은 "학교 때문에 내가 돌아 버리겠어"라는 거였죠. 그리고 는 다른 두 딸에게는 절대로 학교가 못된 걸 가르치지 못하도록 일찌감치 **빼내** 오겠다는 소리를 하곤 했지요.[172]

---

171) Bourdieu, P.(1993), 위의 책, p. 1334.
172) 김주경 역(2002), 위의 책, p. 1405.

- Tout ça, c'est la faute de l'école.(모든 것이 학교의 잘못): 위 발화에서 어머니의 강박증은 '학교'라는 공간을 향하고 있음이 보고 된다. 프랑스의 '학교'는 비종교성과 무상, 의무 교육을 3대 원칙을 삼고 혁명 이후 공화국의 신념을 구현하는 상징적인 공간이 되었다. 1989의 '차도르 사건'[173]은 프랑스 내 이슬람 공동체와 프랑스 공화 국의 가치관이 '공립학교'라는 공간을 배경으로 첨예하게 충돌한 사례라고 할 수 있다. 미국과 함께 대표적인 이민 국가이자 다민족 국가의 특성을 가지고 있는 프랑스 사회에서 종교적 색채를 금지시키 는 공립학교는 '사회 통합의 강력한 인자(因子)'로서 역할을 담당해 왔다.[174]

위 발화에서 '학교'는 이민 1세대인 아버지와 어머니에게 이슬람의 전통과 가치관을 붕괴시킬 위험이 있는 공간, 오염된 서구 문명의 가치관이 퍼져있는 공간, 프랑스 주류 문화에의 동화가 이루어질 공간을 상징한다. 'l'école qui 《m'a tourné la tête》(학교 때문에 내가 돌아버리겠어)'라는 어머니의 말을 통해서 우리는 어머니 역시 심각 한 정체성의 위협을 겪고 있으며 딸의 미래에 불안해하고 있음을 느낄 수 있다. 여기서 우리는 파리다 어머니의 발화, 즉 '학교'가 딸들에게 '못된 걸' 가르치는 것을 용납하지 않으며, 국가가 정한

---

173) '차도르 사건'이란 정교분리의 교육 원칙을 고수했던 프랑스 학교에서 이슬람 이민 가정 출신의 자녀가 이슬람 스카프를 착용하고 학교에 등교하는 것을 금지하면서 발생하였다. 1989년 차도르 사건이 공론화 되자 행정관청들은 최고행정재판소 (Conseil d'Etat)에 의견을 물었는데, 이때 내려진 결정은 압력, 자극, 선전, 선동의 행위는 금지되고, 학생들의 자유, 복수주의, 존엄에 반하는 행동도 금지되나, 공공교 육기관에 부여한 사명과 교육과정의 내용과 교육의 의무는 학생들의 행동에 침해받 아서는 안 된다는 점을 재천명하였다. 장한업 역(2013), 위의 책, p. 81.
174) 심재중 역(2002), 위의 책, p. 102.

최소 의무 교육만 받게 하겠다는 독백의 출처는 과연 어머니 자신의 발화일까 질문해볼 수 있다. 본인 역시 모국의 가부장제와 여성 차별로 인해 사회와 차단되어 고통스러운 세월을 살아 왔을 텐데 어머니는 왜 이슬람 문화가 제시하는 가치관과 자신의 가치관을 동일시하며, 집단의 관습을 다음 세대로 전달하는 역할을 하는 것일까. 우리는 왜 자신이 속한 문화 공동체의 관습과 기준을 타인에게도 적용시키고자 하며 타인이 그것을 따르지 않을 때 왜 두려워하고 분노하는 것일까.

이것은 이집트와 같이 베일을 의무적으로 착용하지 않아도 되는 국가들에서 무슬림 여인들 스스로 베일을 쓰고자 하는 욕구를 발생시키는 심리적 기제와 일맥상통하는 측면이 있다. 이슬람 문화의 연구자들은 베일 착용을 선택하는 이슬람 여인들의 욕망은 "공동체 안에서 자신의 위치를 확보하기 위한 선택"과 관련이 된다고 설명한다.[175] 사람은 가족이나 공동체를 떠나서 살 수가 없고 국가의 강압적인 공권력의 강제가 아니어도 자신들이 직접 속한 혈연 친족 공동체의 시선은 한 개인의 행동양식을 지속적으로 통제한다. 사회적 약자로서 오랫동안 살아온 무슬림 여성인 어머니에겐 전통을 수호하는 역할을 하는 것이 가족이나 친족 공동체에서 자신의 정당한 위치를 확보하는 길이 된다. 또한 고향의 전통이나 관습에 거리를 두거나 비판적인 시각을 가지는 것은 어머니 스스로 과거로부터 단절하고 분리하는 단계를 필요로 한다. 새로운 정체성을 수립하는 과정은 엄청난 성장통을 동반한다. 이슬람 여성들이 강제하지 않아도 베일을 착용함으로

---

175) 오은경(2014), 위의 책, p. 80.

써 "집단의 정체성을 개인의 것으로 받아들이고자 하는 욕망"176)을 충족시키는 과정을 거치는 것처럼 어머니 역시 자신과 직접적으로 연결된 친족 공동체나 가장이 표방하는 전통과 가치를 선택함으로써 무의식적으로 스스로의 가정 내 권력과 정체성의 혼란을 극복하고자 하는 것이다.

5.1.3. 죽음에 이르는 병 : 문화의 속박

Le massacre y est. Et c'est quand je suis partie de là que je me suis rendu compte des dégâts, du massacre comme tu dis. Il fallait que je réapprenne tout... Non, que j'apprenne tout. A parler normalement, à écouter sans trembler ; à écouter et à réfléchir en même temps, chose que je n'ai jamais apprise à faire, je ne savais ni écouter, ni réfléchir ce qu'on me dit puisque je n'écoutais pas. J'ai appris à marcher, à fréquenter les gens et non pas à me sauver; à vivre, enfin. Il reste encore quelque chose : j'ai horreur des espaces publics, j'ai mis longtemps avant de me décider à aller au cinéma – le cinéma, ce lieu de perdition, ce lieu où on est seul mais au milieu d'une foule, dans le noir, à regarder des choses qui ne sont pas toujours très 《catholiques》 ! Toute seule, de moi-même, je n'irai jamais au restaurant, je n'ai jamais appris à manger en public. Il m'a fallu toute une rééducation, un grand effort sur moi..., que

---

176) 오은경(2014), 같은 책, p. 149.

j'apprenne ce que tous les autres font naturellement. Cela n'a pas été naturel pour moi.[177]

그럼요. 죽어가게 했지요. 내가 집을 떠나왔을 때, 그때 당신 말대로 내가 받은 상처가 죽음에 이를 정도로 치명적이었다는 걸 알게 됐지요. 나는 모든 걸 새로 배워 가야 했어요……. 아니 새로 배우는 것도 아니고, 모든 게 처음 배우는 거였죠. 자연스럽게 말하는 법, 떨지 않고 남의 얘기를 듣는 법, 들으면서 동시에 생각하는 법, 그런 건 내가 전혀 배우지 못했던 거였어요. 나는 남의 말을 들을 줄도 몰랐고, 남이 한 말을 생각하는 법도 몰랐어요. 누가 말을 해도 제대로 듣고 있지를 않았으니까요. 나는 산책하는 것도 배웠고, 다른 사람들과 교제하는 법도 배우고, 도망쳐서 숨지 않는 법도 배웠지요. 한 마디로 살아가는 법을 배운 거죠. 아직도 배워야 할 게 남아있어요. 난 아직 많은 사람들이 모이는 공중 장소에 가는 게 두려워요. 그래서 영화관에 가봐야겠다고 결심한 게 아주 오래 됐지요. 그때까지 영화관은 퇴폐 장소라고만 생각하고 있었어요. 알고 보니 그곳은 수많은 사람들 안에 섞여 있으면서도 암흑 속에서 혼자 있을 수 있는 장소더군요. 그리고 영화에도 별로 '가톨릭적인' 요소는 없더라구요! 난 혼자서 식당에 가본 적이 한 번도 없어요. 사람들 앞에서 밥 먹는 법을 배운 적이 없었으니까요. 난 이 모든 걸 새롭게 다시 배워야 했어요. 나로서는 굉장한 노력이 필요한 일이었지요……. 다른 사람들이 아주 자연스럽게 하고 있는 걸 나는 굉장한 노력을 들여서 배워야 했던 거예요.[178]

---

177) Bourdieu, P.(1993), 위의 책, p. 1335.
178) 김주경 역(2002), 위의 책, pp. 1406-1407.

1) '집' 떠나기

- Le massacre y est.(거기에는 학살이 있었죠): 파리다는 'Cela a dû te massacrer au moral et au physique.(그런 생활이 정신이나 육체를 모두 죽여갔을 것 같은데)'라는 인터뷰 하는 사람의 단어인 'massacrer(살육하다, 학살하다)'를 인정하고 있다. 파리다가 집에서 지냈던 시간은 자기 자신을 서서히 죽이는 것과 같은 '학살'의 시간이었다. 그녀가 집을 떠나온 행위는 단순히 성장한 자녀가 독립하는 것, 양친과의 육체적인 분리의 의미를 넘어선다. 자신을 억압하고 고립시켰던 문화적 게토인 이슬람 공동체와 아버지로부터의 분리이다.

- des espaces publics(공공장소들): 의사소통이나 사회적 관계의 단절과 함께 '공공장소'에의 출입도 금지되었던 파리다는 집을 떠나고, 문화적 정체성이라 믿어왔던 억압들에서 벗어나기 시작하면서, 공공장소에도 출입하게 된다. '영화관'에 가는 것을 결심하기까지 오랜 시간이 걸렸다는 파리다의 발화를 통해서 우리는 인간으로서 품위 있는 삶을 누리고 자유를 행사하는 개인의 인권이 '문화 상대주의'나 '관용', '다원주의'의 이름으로 '소수 집단'의 문화적 정체성을 존중해야 한다는 명목 하에 짓밟힐 수 있지 않은가 하는 의문을 품게 된다. 실제로 영화관에 가서 영화를 보니 ' des choses qui ne sont pas toujours très ≪catholique≫(매우 가톨릭적인 요소들)'만 있는 것은 아니었다고 말하는 부정문 속에는 영화관 출입을 금지해온 아버지나 어머니의 발화와의 대화 구조가 표출되고 있다.

그런데 원래 'des choses qui ne sont pas toujours très 《catholiques》'라는 발화는 프랑스어 표현인 'ne pas être très catholique'이란 관용표현으로부터 이해해야 한다. 항상 부정어 형태로만 쓰이는 'ne pas être très catholique'이란 표현의 뜻은 'peu conforme à la morale(도덕이나 윤리에 맞지 않는)'이다. 예를 들어 'un individu pas très catholique'이란 말은 뭔가 의심할 만하고 수상한 사람을 가리킬 때 사용하는 친밀어 사용역에 속하는 구문이다. 따라서 파리다가 사용한 'des choses qui ne sont pas toujours très ≪catholique≫'은 우선 첫째로는 자신을 억압해 온 부모를 향하여서 반항하듯이 하는 말로 해석할 수 있다. 그 경우에는 영화관에 가기 시작하면서 분명히 부모님이 아시면 화를 낼게 분명한, 영화에 나오는 건전하지 않은 것들도 많이 보기 시작했다는 식으로 해석된다. 두 번째는 이 발화 중에서 파리다 부모의 말이 표시된 것처럼 '≪catholique≫' 부분만 직접 인용되었다고 볼 때, 영화관을 못 가게 한 부모들은 영화를 통하여 이슬람의 딸이 가톨릭의 사상으로 '오염'될 것을 두려워하였기 때문인데 막상 영화관에 가보니 영화관은 부모의 말처럼 퇴폐 장소도 아니었으며, 영화 속에는 가톨릭적인 것만 있는 것도 아니었다는 식의 해석도 가능하다. 이 경우 '≪catholique≫'의 어휘는 관용 표현 속의 어휘가 아니라 가톨릭교와 관계된 원래 뜻으로 사용된 것이다. 이때 파리다의 발화 속에 내포된 부모님의 발화는 '프랑스 영화 속에는 가톨릭적인 것으로 꽉 차있어'라는 것과 유사한 내용일 것이다.

2) 의사소통 능력의 회복

- A parler normalement, à écouter sans trembler(자연스럽게 말하는 거, 떨지 않고 듣는 법): 파리다가 독립 후에 'Il fallait que je réapprenne tout.(모든 것을 다시 배워야 했어요)'라고 말한 이후에 열거하는 항목들 중 가장 중요한 것은 '말하고 듣는 법'에 관한 것이다. 죌레에 따르면 극단적인 고난은 인간을 개인화 시키며 의사소통 기능을 파괴한다.[179] 여기서 의사소통 기능이 파괴되었다는 말은 단순히 신체적 정신적 장애나 문제가 있어 말을 하고 듣고 읽고 쓰는 것에 어려움을 겪는다는 의미가 아니다. 원래 타인들과 의사소통 하는 데 별 문제가 없었으나, 한 인간이 감당하기 힘든 과도한 고통을 지속적으로 받을 때 발생하는, 또 다른 형태의 '의사소통 기능의 파괴'를 의미한다. '의사소통 기능의 파괴'는 곧 이들의 '사회적 관계'가 해체되기 시작하였고, 그들이 육체적으로 정신적으로 더욱 고립된 자들이 되어 간다는 뜻이다.[180] 파리다의 경우에도 성장과정의 지속적인 고통으로 인해 '의사소통 기능'이 파괴 되어 갔고, 철저히 고립되어서 살아 왔음이 보고되고 있다.

- Il m'a fallu toute une rééducation, un grand effort sur moi.(내겐 재교육이 필요했었고, 많은 노력이 드는 일이었어요), Cela n'a pas été naturel pour moi(내게는 이 모든 것이 당연한 게 아니었어요): 어린애가 말을 배우고 생각하는 것, 사회적인 관계를 맺는 법을 배우

---

179) 채수일 외 역(1993), 도로테 죌레 저, 『고난』, 한국 신학 연구소, p. 75.
180) 정우향(2013), 위의 책, p. 152.

는 것처럼 자연스러운 성인으로서의 성장 과정이 단절되었던 파리다는 모든 것을 다시 배워야 했음을 말한다. 한 개인이 성인으로 성장하기까지 '자연스럽게' 이루어지는 교육이나 독립의 과정들이 자신에게는 '자연스러운' 것이 아니었다고 말하는 파리다의 발화를 통해 우리는 그녀가 자신을 억압해오고 정체성이라 믿어왔던 것과 거리를 두게 되었음을 느낄 수 있다. 그녀는 아버지가 강요하였던 고향의 문화에 대해서 '외부자의 시선'으로 바라볼 수 있는 독립심을 갖추게 되었다. 고립된 채 침묵 속에서 살아온 그녀는 이제 자신의 과거의 고통을 발설하기 시작하였고 자신의 언어를 말하고 타인과 대화하는 의사소통 능력을 서서히 되찾아가고 있다. 파리다는 문화의 이름으로 자신을 억압했던 집을 떠나고 문화적 게토를 떠나왔으며, 이제 자신의 언어와 사유의 능동성을 서서히 찾아갈 것이다.

5.2. 개인 안의 문화

『세계의 비참 Ⅰ』에 수록된 판사 앙드레의 발화는 자신의 직무 수행과 관련된 갈등과 어려움을 중심으로 전개되었다. 프랑스 문화 교육의 측면에서는 '프랑스의 지식인' '직업과 소명의식'이란 주제들을 탐구해볼 수 있는 발화 자료이다. 특히 발화자의 직업적 소명의식이나 가치관의 바탕이 되는 프랑스인들의 일반적 가치관과 지식인들의 가치관이 앙드레의 발화 속에 어떻게 드러나고 있는지를 질문하면서 프랑스라는 집단의 정체성을 이끄는 몇 가지 풍경을 만날 수 있다.

5.2.1. 지식인과 직업

Avocat, deux choses me gênent, dire des choses que je ne pensais pas, parce que c'est vrai quand même que des fois les avocats sont amenés à défendre des thèses qu'ils ne partagent pas complètement, même si c'est noble... et même si certains disent toujours ce qu'ils pensent à toute occasion ; et puis il y avait aussi le fait, la logique des avocats : c'est toujours de gagner de l'argent de plus en plus, ce qui ne me plaît pas ; c'est ce rapport à l'argent qui me semblait compliqué, alors que je trouvais que c'était bien d'avoir un salaire, on était là pour assumer un service public, ça me paraissait bien. Dans l'image que j'avais des avocats, c'est effectivement le risque d'être emporté par l'argent, pour gérer son cabinet, d'être débordé par son travail et ne pas voir l'essentiel. Ah, oui... la notion de service public me paraissait importante. (...) Quand j'ai passé le concours vers la fin des années 70, c'était pas la vogue de Tapie et de gagner...[181]

변호사가 된다는 건, 두 가지 점에서 몹시 꺼려졌죠. 왜냐하면 어쨌든 변호사는 자신이 완전히 동의할 수 없는 테마를 수호하지 않으면 안 되는 경우를 많이 만나게 되니까 말입니다. 물론 어떤 경우에나 자기의 생각한 바대로 당당하게 밀고 나가는 변호사들도 있기는 합니다만, 어쨌거나 자기의 믿음과 다른 것을 주장해야 하는 경우가 많은 건 사실이죠. 게다가 변호사들에게는 원칙 같은 것이

---

181) Bourdieu, P.(1993), 위의 책, p. 476.

있어요. 누구나 할 것 없이 돈을 점점 더 많이 벌게 된다는 것이죠. 그것이 영 맘에 들지 않습니다. 내게는 가장 어렵게 보이는 것이 바로 그 돈과의 관계예요. 그래서 나는 임금을 받는 것이 훨씬 좋다고 생각합니다. 우리는 좀 더 많은 돈을 모으기 위해서가 아니라 공무를 담당하기 위해서 이 자리에 있는 거예요. 나는 그런 점이 아주 좋습니다. 내가 변호사들에 대해서 가지고 있는 이미지는 자신의 금고를 채우기 위해서 항상 돈에 끌려 다니고, 항상 일에 파묻혀 사는 모습이에요. 그래서는 본질을 들여다보지 못합니다. 아, 정말 그래요……. 공직의 개념은 내게 있어서 아주 중요한 거예요……. 내가 70년대 말에 법관 시험을 치렀을 때만 해도 사람들이 그렇게 돈, 돈 하지는 않았는데…….[182)

1) '돈'과의 관계

- c'est ce rapport à l'argent qui me semblait compliqué(나에게 가장 복잡한 문제로 여겨지는 것은 돈과의 관계인데요): 위 발화의 화자인 앙드레는 자신이 변호사라는 직업을 택하지 않은 두 가지 이유를 밝히고 있다. 특히 자신은 '돈'과의 관계 설정이 언제나 힘들었다는 점, 변호사는 '돈에 끌려 다니며(le risque d'être emporté par l'argent)' 점점 더 물질적 탐욕에 휩싸이기 쉽다는 생각에 판사라는 직업을 선택했다는 것을 말한다. 뒤의 인터뷰에서 앙드레는 자신이 젊은 시절 사회당원으로 활동했으며 독실한 가톨릭교도라고 자기 자신을 소개한다. 돈에 대한 가톨릭적 세계관이나 사회주의자로서의 가치관

---

182) 김주경(2000), 『세계의 비참 I』, 동문선, pp. 470-471.

을 고려한다면 현대 사회에 만연한 물질주의에 대한 거부를 나타내고 있는 앙드레의 발화를 더욱 잘 이해할 수 있다. 프로테스탄트나 가톨릭은 동일하게 기본적으로 구약과 신약 성서의 가르침을 바탕으로 한다. 중세 성직자들의 부패 속에, 또 근대와 현대에 걸쳐 자본주의의 구미에 맞게 변형되거나 왜곡되었지만 '돈'이나 '물질'의 문제에 관한 성서의 근본적인 가르침은 '가난한 이웃을 섬기라'는 것이다. '이윤 추구'라는 자본주의의 절대 명제에 반대되는 '무상 증여'가 기독교적인 경제관의 핵심적인 내용이다. 앙드레가 말하고 있는 것처럼 독실한 기독교인들에게 '돈'의 문제는 참으로 불편한 주제이다. 끝없이 탐욕적이고 수단과 방법을 가리지 않고 이윤을 극대화하려는 현대 자본주의 사회가 제시하는 비전과 기독교의 가르침은 합치되지 않기 때문이다. 엘륄에 따르면 오늘날의 지식인은 19세기에 활동했던 지식인들과는 다른 상황 속에 처해 있는데, 자신의 삶의 양식이나 직업 수행 속에서 해야 할 모든 선택의 문제가 '돈'과 관련되며 물질적 조건에 무관심하거나 초연할 수 없기 때문이다.[183] 프랑스의 판사인 앙드레는 자신이 '돈'이 아닌 '공익'을 수행하는 보람을 선택했음을 말하면서 그가 직업 세계에서 추구하는 가치는 세상과 다름을 말하고 있다.

2) '공익'의 개념

- la notion de service public me paraissait importante.(공익이라는 개념이 내게는 중요합니다):

---

183) 박동열 역(2010), 자끄 엘륄 저, 『세상속의 그리스도인』, 대장간, p. 167.

앙드레가 판사라는 직업을 수행하면서 추구하는 가치는 '공익 (service public)'이다. 프랑스 지식인의 전통에서 개인의 사적 이익이 아닌 다수의 공적 이익을 추구하는 것은 중요하다. 자본주의와의 거리두기로 인한 긴장이 앙드레의 발화 곳곳에 나타나고 있는 것과 마찬가지로 '공익'을 추구하고자 하는 의지는 그의 발화에서 여러 가지 경로로 표출되고 있다. 우리는 프랑스 지식인들의 소명의식 (vocation)이라는 집단적 정체성의 차원과 앙드레의 성장과정과 그가 지지하고 소속감을 느끼는 하위 공동체와 관련된 개인적 정체성이라 는 두 가지 차원에서 위 발화를 이해하여야 한다.

5.2.2. 지식인을 추동하는 신념

Moi je suis très militant, je suis catholique pratiquant, je veux dire, j'ai toujours été militant ; à l'époque du concours, j'étais au parti socialiste ; à la fac j'ai fait partie d'un mouvement d'étudiants dont j'étais un des principaux animateurs. A l'armée aussi, etc.[184]

나는 아주 투쟁적이에요. 그리고 성실한 가톨릭 신자입니다. 다시 말하면 늘 힘 없는 자들을 위해 투쟁하는 사람이었어요. 시험을 볼 당시에는 사회당원이었죠. 대학에서도 학생 운동에 참가했었는데, 나는 주동 인물들 중 한 사람이었어요. 군대에서도 마찬가지였구 요.[185]

---

184) Bourdieu, P.(1993), 위의 책, p. 477.

이 판사의 사상적 배경이 드러나는 대목이다. 그가 돈이 아닌 공익을 추구하는 이유가 독실한 가톨릭교도이며, 학창시절 사회주의 당원으로 활동했으며 학생 운동에도 참여했다는 사실과 연결된다. 오늘날 프랑스 사회에서 가톨릭교도이며 사회주의 당원이라는 것은 어떤 하위문화의 정체성을 가지고 있음을 의미할까.

1) 가톨릭교도(catholique pratiquant)

프랑스 사회에서 한 개인이 자신을 독실한 가톨릭교도라고 소개할 때 우리는 그 사람을 어떻게 범주화해서 이해할 수 있을까 살펴보자. 프랑스는 전통적인 가톨릭 국가로 알려져 있다. 도시 곳곳에 남아있는 웅장한 성당과 프랑스인들의 방학이나 축제 이름에 남아있는 가톨릭 전통의 유산들은 프랑스가 한 때 '로마 교회의 장녀'라고 불리며 가톨릭 국가의 종주국이었던 과거를 짐작할 수 있게 한다. 그러나 프랑스인의 80% 이상이 자신을 가톨릭 신자라고 간주하지만, 실제로 미사에 규칙적으로 참여하는 사람은 10% 정도에 불과하다.186) 즉 대부분이 '형식적인 가톨릭 신자(non-pratiquant)'이다.187) 그렇다면 앙드레가 자신을 'catholique pratiquant'이라고 소개했다는 점은 그를

---

185) 김주경(2000), 위의 책, p. 471.
186) 한택수(2008), 『프랑스 문화 교양 강의』, 김영사, p. 191.
187) 형식적인 가톨릭 신자도 아닌 무신론자(athée)임을 자처하는 프랑스인들도 많다. 조홍식에 따르면 이들 무신론자들은 가톨릭이나 유대교, 프로테스탄트 전통에 속해 있으면서도 신의 존재를 강력하게 부정하는 사람들이다. 프랑스의 무신론은 이미 계몽주의 사상에서 시작되어 오랜 전통을 가지고 있으며 무신론 자체가 하나의 교리 체계처럼 이론을 가지고 있다. 조홍식(2000), 『똑같은 것은 싫다』, 창작과 비평사, p. 194.

이해할 수 있는 중요한 단서가 된다. 'pratiquant'이란 어휘를 통해 우리는 앙드레가 미사나 가톨릭교도로서의 전례에 규칙적으로 참여하며 가톨릭의 가치관 아래 일상과 직업 생활을 수행할 것으로 짐작할 수 있는 것이다.

2) 사회주의자 (j'étais au parti socialiste)

프랑스 사회에서 '사회주의 당원'이나 '사회주의자'라는 것은 한국 사회에서 '사회주의자'나 '공산주의자'라는 어휘가 갖는 울림과는 전혀 다르다. 프랑스 사회에서 '사회주의자'라는 것은 반드시 프랑스 사회당에 가입 한다던가 이론적 무장을 한다는 것이 아니라 '사회주의'가 표방하는 가치관과 중요 노선을 자신의 삶에서 공유한다는 것을 의미한다. 그렇다면 '사회주의(socialisme)'라는 어휘는 어떤 '가치'들을 함유하고 있는가. '사회주의(socialisme)'라는 용어가 포함하는 의미는 프랑스 근대 정치사 속에서 시대에 따라, 서로 다른 문맥 속에서 정의되어야 한다. 그러나 일반적으로 프랑스 사회에서 '사회주의'란 보다 평등하고 정의로운 사회를 추구하려는 목적을 가진 사상적 흐름과 정치적 움직임을 총칭하는 용어라고 할 수 있다. 유럽에서 '사회주의'라는 말이 일상화되기 시작한 것은 산업 혁명과 도시화가 진행되던 1820년대부터였고, 이 무렵부터 '사회주의'는 노동자를 착취하여 소수 부르주아의 이익만을 옹호하는 자본주의를 대체하는 보다 정의로운 사회, 노동자의 삶이 개선되고 권리가 보장되는 사회에 대한 비전을 담은 용어가 된다.[188] 위 발화에서 앙드레는

---

188) http://fr.wikipedia.org/wik/socialisme

자신이 과거에 사회당원 이었다고 말한다. 그로세르에 따르면 개인이 가진 '정치적인 귀속 의식'은 '나는 누구인가'를 답하는 중요한 기준이 된다.[189] 개인의 정체성 역시 시간의 영향을 받고 시간이 흐르면서 변하므로 우리는 발화된 시점인 현재에 앙드레가 가진 정치적 노선은 확실하게 알 수 없지만, 사회당원으로서 활동했던 그의 젊은 시절이 그의 현재에 영향을 주고 있음을 짐작해 볼 수 있다.

3) 좌파와 우파

Tout à fait, oui. Même mon père, même mon père en tant que commerçant. Il était de droite, mais c'était un type qui disait qu'il ne payait pas assez d'impôts, qu'il n'y avait pas assez...qu'on ne donnait pas assez d'argent pour les pauvres, il était un peu... une droite sociale, un peu plus que...

- Catholique social ?...

Voilà altruiste et pour l'équité, enfin pour une certaine justice sociale, voilà donc...c'est sûr que ça m'a marqué.[190]

아주 많이 도와 주셨죠. 심지어 우리 아버지는 상인이셨는데도 나를 이해해 주셨어요. 그분은 우익이었지만, 당신의 수익에 비해서 세금 내는 것도 충분치 않고, 가난한 이들을 위해서도 필요한 만큼의 돈을 쓰지 못하고 있다고 말씀하시는 그런 분이셨죠……. 약간……사회주의 우익이랄까.

---

189) 심재중 역(2002), 위의 책, pp. 29-62.
190) Bourdieu, P.(1993), 위의 책, p. 477.

– 사회주의 가톨릭이신가요?

그래요. 애타주의자이시면서 공정성을 중요하게 여기셨죠. 사회 정의를 생각하시는……그것이 내게 영향을 주었음이 분명해요.[191]

– 사회주의 우익(une droite sociale): 앙드레는 자신의 아버지가 정치적으로 '우파(la droite)' 였다고 말한다. 프랑스 사회에서는 '좌파(la gauche)'와 '우파(la droite)'로 크게 정치 성향을 나눈다. '좌파'와 '우파'는 프랑스 대혁명 시기부터 사용되기 시작한 용어이다. 1791년 의회에서 왕정을 지속할 것을 주장했던 왕당파와 보수주의자들은 국회의장의 오른쪽에 자리 잡고, 왕권 복고에 적대적이었던 공화주의 자들은 왼쪽에 자리 잡았다. 프랑스 혁명 이후 프랑스의 정치 세력은 '좌파'와 '우파'라는 대립 구도 속에서, 각기 급진성의 정도나 추구하는 가치 노선의 차이에 따라 세부 분파로 발전하게 된다. 우파는 '보수, 권위 존중, 안정, 전통, 질서' 등의 가치를 추구하는데 반해 좌파는 '평등, 연대, 진보, 불복종' 등의 가치를 내세운다.[192] '우파'라는 것은 일반적으로 경제 분야에서는 자유주의(libéralisme)에 동조하는 것으로 인식된다. 앙드레는 아버지가 '상인(commerçant)'이었고 정치적으로는 '우파'였지만, 자신의 이익만을 추구하는 자가 아닌 가난한 이들을 생각하는 사람이었음을 말하고 있다. 'une droite sociale'라는 말은 '사회주의 우파(우익)'라는 뜻이 되는데 한국 사회의 맥락과 한국어의 어감 상 매우 모순된 형용사가 명사와 결합된 인상을 주는 말이 되고 있다.

---

191) 김주경 역(2000), 위의 책, p. 472.
192) http://fr.wikipedia.org/wik/droite (politique)

5.2.3. 지식인과 일상

1) 지식인이 일상에서 투쟁하는 것들

Profondément, je crois que la justice ne doit pas être quelque chose de terne, ça doit être quelque chose qui a du relief. Ça doit pas être forcément violent ; dans certains cas, il faut que la justice soit ferme, mais il faut pas que ça soit...il faut qu'il y ait des éclats, pour rendre la justice, il faut parfois qu'il y ait des éclats ; il ne faut pas systématiquement fermer... il ne faut pas systématiquement prendre des décisions très très 《mesurées》. Il y a une fausse 《mesure》 qu'on exige entre guillemets et qui n'est pas conforme à la réalité, c'est-à-dire que si on met un patron en prison, on dira, 《non, c'est un manque de mesure, c'est pas normal》, si on inculpe un policier dans une affaire de bavure, 《non ça va pas》, enfin on vous fait comprendre, et puis à l'inverse, si on a des états d'âme pour le commun des mortels qui a fait des petites infractions, on vous reprochera un excès de sensibilité, de la sensiblerie, enfin, etc.[193]

나는 재판이란 것은 희미하거나 흐릿해서는 안 된다고 생각합니다. 재판은 아주 뚜렷하고 분명한 것이어야만 해요. 아주 격렬해야 합니다. 어떤 경우엔 아주 엄격하고 철저해야 합니다. 하지만……정의를 실현하기 위해서는 때때로 찬란한 어떤 빛 같은 것도 있어야

---

193) Bourdieu, P.(1993), 위의 책, pp. 485-486.

합니다.194) 철두철미하게 폐쇄적이어서는 안 된다는 말이죠……. 아
주 아주 '인색한' 결정을 내려서는 안 됩니다. 이른바 우리가 요구하
는 '기준'이라는 것이 있는데, 그 기준이라는 것이 현실에 적합하지
않을 때가 있거든요. 다시 말해서 우리가 어떤 기업체 사장을 감옥에
집어넣으면, 사람들은 "아니야, 어떻게 이럴 수가 있어. 이건 정상이
아니야" 하고 말하고, 뭔가 조작이 있었던 사건에서 한 경찰관에게
혐의를 걸면 "아냐, 그렇지 않아. 그럴 리가 없어"라고 하겠죠. 그러
나 반대로 작은 범법을 저지른 평범한 사람들을 동정하게 되면, 그때
는 사람들이 비난을 퍼부을 겁니다. 판사의 동정심이 과잉 반응을
했다고 말입니다.195)

– Profondément, je crois que la justice ne doit pas être quelque
chose de terne(나는 재판이란 것은 희미하거나 흐릿해서는 안 된다고
생각합니다): 이 발화들에서 우선 앙드레는 판사라는 직업 수행에서
추구하는 '소명의식(vocation)'을 표출하고 있다. '소명의식(vocation)'
은 프랑스 지식인들을 설명할 수 있는 용어이다. 판사로서 앙드레의
정체성은 프랑스 지식인의 소명의식, 전통과도 맞닿아있다. 프랑스어
로 사명감, 소명의식은 'vocation'이다. 신으로부터의 부름을 의미하

---

194) 여기서 'il faut qu'il y ait des éclats, pour rendre la justice'는 재판에서 정의를
실현하기 위해서 'des éclats'가 필요하다고 말하는 앙드레의 발화이다. 이 부분은
본고에서는 인용되지 않은 'enfin que ce qui compte c'est qu'il n'y ait pas de vague'
의 'vague'와 연결되어 사용된 것으로 보는 해석이 타당할 듯하다. 따라서 'il faut
qu'il y ait des éclats'는 한국어 판 번역어인 '찬란한 빛이 있어야 한다'보다는 법조
계의 폐쇄적인 조직 분위기나 재판 관행들에 '반향이나 소동을 일으켜야 한다'는
맥락에서 해석되어야 한다. Bourdieu, P.(1993), 위의 책, pp. 485-486.
195) 김주경 역(2002), 위의 책, p. 481.

는 이 단어는 원래는 가톨릭 사제나 수녀들처럼 평생을 신을 섬기는 길을 걷는 종교인들에게 사용하던 말이었으나 종교의 영향력이 약화되어갔던 근대를 거치면서 예술가나 교육자, 공무원 등 다양한 직업군의 사람들에게도 적용되는 말이 되었다. 자신의 직업이 하늘이 부여한 천직이라는 신념인 '보까씨옹'은 박봉에도 불구하고 국가를 위해 봉사한다는 자부심을 가지고 일하는 공무원들이나 프랑스 혁명 이후 계몽주의와 공화국 신념을 실천하는 사도로서 역할을 해왔던 시골의 초등학교나 중고등학교 교사들의 의식 속에도 찾아볼 수 있다.[196] 그러나 '재판'에 대해 말하는 위 발화들에서는 한편으로는 앙드레 개인의 특성인 'militant(운동가, 투사)'의 기질 역시 드러난다. 그의 발화는 늘 적대 세력과의 대결 구도나 자신이 몸담고 있는 법조 조직 내에서 선과 악을 나누는 본인의 이분법적 태도가 발화 곳곳에 묻어난다.

– On vous reprochera...(사람들은 당신을 비난할 것입니다): 단순한 밥벌이가 아닌 소명의 실현으로서 판사라는 직업을 수행하는 앙드레가 일상에서 맞서 싸우고 있는 것의 실체가 어렴풋이 드러난다. 결론적으로 말하자면 판사인 발화자의 인식 속에 재판의 독립성을 위협하는 세력인 'On'[197]은 행정권력, 금력, 경찰, 여론들이다. 앙드레는

---

196) 조흥식(2000), 위의 책, p. 200.
197) 프랑스어에서 대명사 'on'은 말하는 이에 따라 그 지시적 의미가 채워지는 가장 대표적인 대명사이다. 즉 프랑스어에서 대명사 on은 ①의 예문들처럼 발화에 참여하는 발화 참여자들을 모두 지칭할 수도 있고 발화자를 포함하거나 배제할 수도 있으며, ②처럼 문맥을 통해서 청자나 독자가 무엇을 지시하는지 알 수 있는 경우에도 사용된다. 또한 ③과 같이 발화자를 포함하거나 배제하면서 정해져 있지 않은 사람들을 총칭적(générique)으로 가리킬 때도 사용된다.

이름 없는 판사일 뿐이지만 그가 자신의 발화를 통하여 구축하려 하는 자신의 이미지는 시대에 따라 당대의 문제와 호흡하면서 노동, 반전, 반파시즘과 같은 운동을 통해서 소수 특권층의 이익이 아닌 민중의 이익을 대변해 온 프랑스의 지식인 상과 연관되어 있다. 오늘 날 지식인들이 자신의 양심을 바탕으로 싸워야 하는 실체의 핵심은 앙드레의 발화에서 비춰지는 것처럼 행정과 사법, 정치 전 분야에 걸쳐 파고드는 자본의 힘이다.

On n'est pas là pour être comme dans une entreprise, pour le coup, je crois qu'on n'a pas à avoir la logique du privé, du cadre qui doit obéir à son cadre supérieur ; on doit être des gens, des personnages un peu publics, comme des élus, oui, comme un maire qui est là pour défendre l'intérêt général mais qui doit être capable de dire 《vous, votre intérêt il est ce qu'il est, mais l'intérêt de la commune c'est pas celui-là》, et en même temps de faire en sorte que les intérêts de minorités ne soient pas lésés...[198)]

― Les valeurs de *on* dans la littérature ―

RÉFÉRENCE	INCLUSION		EXCLUSION
① déictique	on → inter- locuteurs on parle pour le moment de travail tout ça.	on → locuteur - alors comment allez-vous? - on fait aller.	on → allocutaire on est encore en retard ce matin?
② définie (quasi anaphorique)	on part très tôt le matin. (on → nous, les hommes)		on n'a pas trouvé de dioxine dans la zone B. (on → les services de contrôle)
③ générique, indéfini ou indéterminé	on → catégorie de l'humain c'est bien pire que cela quand on y regarde de près. (on → n'importe qui, tout le monde...)		on → non-personne on me reproche mon caractère. (on → ils indéterminé)

Salazar Orvig, A.(1999), 위의 책, p. 126.

우리는 지금 어떤 기업체 안에서 일하고 있는 게 아니잖습니까? 나는 우리가 사기업체의 논리를 가져서는 안 된다고 생각해요. 상사에게 복종하는 간부들의 논리 말이죠. 우리는 선택된 자들로서 좀 더 대중을 위하고 공익을 대변하는 인물들이 되지 않으면 안 됩니다. 그래서 "당신의 이익은 이러저러한 것이지만, 공공의 이익은 그런 것이 아닙니다"라고 딱 부러지게 말할 수 있고, 그러면서도 동시에 소수의 이익이 침해받지 않도록 해야 한단 말이죠.[199]

- pour défendre l'intérêt général(공공의 이익을 옹호하기 위하여): 판사인 앙드레의 양심과 직업적 소명의식은 사기업체의 논리를 거부하고 공공의 이익을 옹호해야 한다는 발화가 여러 가지 형태로 되풀이 하게 만들고 있다. 사이드는 지성인이란 "정부나 대기업, 심지어 유사한 정신을 소유한 전문가 직업조합의 정책 목표에 철저히 헌신하는 관리나 피고용인이 아니라는 것"으로 정의한 바 있다.[200] '우리는 지금 어떤 기업체 안에서 일하고 있는 게 아니잖습니까?' 라는 앙드레의 질문은 인터뷰 하는 사람이 아닌, 앙드레가 비판적으로 보고 있는 법조인 동료들이나 간부들, 혹은 갈등하는 자기 자신을 향한 발화이다. 발화 초기부터 앙드레가 늘 거부하고 경계하고 있는 대상은 '돈'이나 '돈을 추구하는 변호사라는 직업'이나 '돈의 권력'이다. 그러나 공익 수호라는 자신의 신념이 현실에서 만나게 되는 장벽, 특별히 '돈'과의 관계에서 오는 좌절감이나 박탈감은 앙드레의 발화를 이끄

198) Bourdieu, P.(1993), 위의 책, p. 492.
199) 김주경 역(2002), 위의 책, pp. 488-489.
200) 전신욱 외 역(2011), 에드워드 W. 사이드 저, 『권력과 지성인』, 창, p. 149.

는 주요한 주제이다. 앙드레와 같은 판사나 교사들과 같은 직업군의 사람들은 높은 교육 수준으로 다른 계층보다 많은 문화적 자본을 가지고 있지만 직업으로부터 발생하는 경제적 보상은 상대적으로 낮으므로 그들의 발화에는 직업적 소명 의식과 경제적 측면에서의 소외감 사이의 갈등이 암암리에 표출되게 된다.

2) 전문 지식으로써 공익에 기여하기

Il faudrait qu'on soit amené à se battre, enfin à justifier notre valeur et puis que la légitimité, au lieu d'être donnée, soit quelque chose qui se gagne ; je crois que, qui c'est, ça changerait la mentalité : que le juge montre sa légitimité par le travail qu'il accomplit, par la qualité juridique des décisions qu'il prend, au civil ou au pénal...[201]

우리는 맞서서 투쟁하고, 결국 우리의 가치를 정당화시켜야 할 필요가 있어요. 합법성이란 것은 주어지는 것이 아니라, 스스로 쟁취해야 하는 것입니다. 그런 생각만이 우리의 의식을 바꿀 수 있으리라고 믿어요. 판사는 자신이 성취하는 일을 통해서, 그리고 자신이 내리는 판단의 법률상의 질을 통해서 자신의 합법성을 보여 줘야합니다……[202]

---

201) Bourdieu, P.(1993), 위의 책, pp. 487-488.
202) 김주경 역(2002), 위의 책, p. 483

‒ le juge montre sa légitimité par le travail qu'il accomplit(판사는 자신이 수행하는 일을 통해서 스스로의 합법성을 보여주어야 해요): 사르트르로 대변되는 프랑스의 지식인의 범주는 자신의 영역에서 확보한 전문성을 가지고 사회의 다른 분야에까지 확장시켜 자신의 목소리를 내는 사람들이다. 따라서 '지식인'은 자신의 전문영역에서 권위를 확보한 후 자신의 분야가 아닌 곳까지 역할을 확장하여 일반 여론에 영향력을 행사하는 사람으로 정의 될 수 있다. 1960년대 무렵 까뮈와 지드와 말로, 모리악, 보브와르 등은 프랑스 국내의 수많은 이슈에 대해서 담론으로 참여하며, 노동자를 대변하거나, 식민지 고문을 반대하고, 반전 운동의 여론을 고취시키는 등 대중과 함께 호흡해왔다. 프랑스의 지식인의 전통에서는 이들이 '지식인'의 가장 대표적인 전형에 가깝다.

푸코에 따르면 지식인 범주는 19세기와 20세기 초에 주로 활약했던 이러한 '보편적(universel)' 지식인들과 세계 2차 대전 이후로 본격적으로 등장한 '국지적(spécifique)' 지식인들로 구분해볼 수 있다.[203] 보편적 지식인은 칼라스 사건으로 유명한 볼테르에서 졸라, 사르트르로 이어지는 유형으로 권력과 독재, 부의 압제에 저항하며 보편적인 정의를 주장하는 자들로서 이때의 지식인 개념은 국가나 자본에 복무하는 유능한 인재들, 곧 기술자, 행정가, 교사 등과는 대비되는 개념이다. 반면에 '국지적' 지식인은 사회의 저명인사로서 여론에 영향력을 행사하는 이들이 아니라 단지 자기 분야의 전문가 혹은 학자들을 가리킨다. 푸코에 따르면 1960년대를 기점으로 현대 사회의 기술

---

203) 이종인 역(2015), 노엄 촘스키&미셸 푸코 저, 『촘스키와 푸코, 인간의 본성을 말하다』, 시대의 창, pp. 206-216.

과학 구조의 발달과 함께 '국지적 지식인'의 중요성이 점점 증대되어 왔다. '국지적 지식인'은 자신이 속한 분야에만 몰두하게 되고 외부 지원을 받지 못한 채 사회 변화를 위한 저항 의식이나 투쟁을 통제받을 위험에 처하게 된다. 35살의 이름 없는 예심 판사인 앙드레에게 푸코식의 지식인 범주를 적용시키는 것이 무리일지 몰라도, 푸코가 지적하고 있는 국지적 지식인이 처하게 되는 위험과 갈등은 시사하는 바가 크다. 앙드레의 발화 곳곳에 나타나고 있는 소외감과 판사 조직 내에서의 고립감 등은 국지적 지식인이 일반적으로 처하게 되는 상황과 무관하지 않아 보인다.

> Pour moi la notion de juge...il faut avoir la liberté d'esprit, il faut pouvoir s'exprimer comme on veut, il faut avoir l'indépendance, il faut pouvoir s'affirmer, être ferme, être clair, ne pas être obligé de se restreindre dans ses opinions.[204]

> 내게 있어서 판사의 개념은……자유로운 정신을 지녀야 하고, 자신이 원하는 대로 자신의 생각을 표현할 수 있어야 합니다. 자주성도 필요하고, 확신을 갖고, 뜻을 굽히지 않으며, 분명하게 행동하고 자신의 의견을 제한하지 말아야 해요.[205]

- la liberté d'esprit(정신의 자유): 재판의 공정함을 침해하는 세력인 권력과 자본으로부터 독립성 유지, 자유로운 정신을 유지하는

---

204) Bourdieu, P.(1993), 위의 책, p. 489.
205) 김주경 역(2000), 위의 책, p. 485.

것은 앙드레의 전체 발화에서 일관되게 나타나는 핵심 주제이다.
- ne pas être obligé de se restreindre dans ses opinions.(여론 속에
축소되지 말아야 해요) : 이 발화는 의역보다는 직역 하는 게 프랑스
지식인의 태도가 더 드러나는 부분이다. 즉 여론과의 거리두기, 여론
에 함몰되지 말고 오히려 여론의 방향을 올바르게 제시하고 선도해야
하는 역할은 흔히 프랑스 지식인들의 사회적 책임을 논할 때 자주
등장하는 내용 중 하나이다. 프랑스 지식인 전통에서 여론의 뭇매를
맞아가면서도 진실을 말하고 선도하고자 했던 '드레퓌스 사건'의
에밀 졸라206)를 연상시키는 대목이다.

3) 사회적 약자 보호/대변하기

Oui exactement, Par exemple dans une affaire de droit du travail,
en délibéré, tout le monde disait, 《c'est de l'arnaque》; moi, je me
suis battu parce que c'était pas conforme à la réalité, au droit du
travail ; un type qui employait des gens, du travail temporaire, enfin
c'était complètement illégal. L'argument présenté par l'avocat de la

---

206) 1898년 작가 에밀 졸라는 일간지 'L'Aurore'에 드레퓌스 사건을 둘러싼 불공정함을
   지적하기 위한 '나는 고발한다'라는 글을 실었다. 드레퓌스 사건은 1894년 프랑스에
   서 유태계 대위 드레퓌스가 국가 기밀 누설 혐의로 종신형을 선고받은 사건이다.
   반유태주의와 민족주의 정서에 휩쓸려 정의를 부정하는 민간과 군 고위층을 고발하
   기 위해 졸라는 위험을 무릅쓰고 드레퓌스 사건의 재심을 촉구하는 글을 연재하기
   시작하였으며 졸라의 글에 수백명의 작가와 예술가들이 지지하는 성명이 이어진다.
   지식인들을 정의하거나 지식인의 역할과 책임을 논할 때 드레퓌스 사건과 졸라의
   글은 그 출발점이 되고 있다. 오리와 시리넬리에 따르면 '지식인'이라는 어휘는 공간
   적으로는 프랑스 문화를, 시간적으로는 드레퓌스 사건을 배경으로 만들어졌다. 한택
   수 역(2005), 파스칼 오리&장-프랑스와 시리넬리 저, 『지식인의 탄생-드레퓌스부터
   현대까지』, 당대, p. 5.

défense n'était pas mauvais en apparence, mais si on creusait un peu c'était complètement faux et puis c'était la porte ouverte à tous les abus ; J'ai trouvé l'argument qui a permis de convaincre les deux autres juges, j'étais content, je me suis dit, j'ai pas servi à rien. J'avais vu le dossier avant et puis c'est moi qui ai motivé, donc je crois que c'était juste et cohérent ; c'était défendre l'intérêt des travailleurs, sans a priori contre le patron, mais c'était la loi. J'étais content là aussi, d'avoir fait louper le coup, on s'est pas fait avoir par un argument spécieux(...).[207]

그럼요. 예를 들어 노동 권리에 대한 사건에서 판결을 내리기 전에 재판관들끼리 합의를 할 때였는데, 모두가 노동자들을 향해 "이건 모두 도둑놈들이구먼"이라고 말했지요. 나는 그런 모든 사람들에 대항해서 싸웠어요. 왜냐하면 그것은 현실과 노동권에 적합한 판단이 아니었으니까요. 고용주가 일시적으로 문제의 노동자들을 고용했던 것인데, 그것은 완전한 불법이었어요. 피고측 변호인의 변론은 듣기에는 틀린 것 같지 않았지만, 문제를 조금만 깊이 들여다보면 완전히 오류투성이라는 것을 알 수 있었어요. 나는 두 판사를 설득시킬 만한 논리를 찾아냈지요. 그래서 결국 그들을 이해시킬 수 있었어요. 만족스러웠죠. 내가 과연 헛된 일을 하고 있는 것은 아니구나라는 생각이 들었습니다. 나는 재판을 열기 전에 이미 서류를 보았어요. 그래서 이런 문제라면 힘 없는 사람들을 위해서 싸울 필요가 있겠다 싶어서 자극을 받아 일하게 된 거였죠. 내 생각이

---

207) Bourdieu, P.(1993), 같은 책, pp. 491-492.

정당하고 논리적이라고 생각했어요. 겉으로는 합법적인 것 같지만 실은 불법을 일삼는 고용주로부터 노동자들의 이익을 옹호하는 것 말입니다. 나는 몹시 특별한 논쟁을 벌여서, 또 한 번 예상을 뒤엎고 올바른 결정이 내려지게 했다는 점에서 흐뭇했어요.208)

여기서 앙드레는 자신이 판사로서 사회적 약자를 대변하고 보호하는 책무를 다한 경험을 보고하고 있다. 직업 수행에서 겪는 불만과 적대구도와의 싸움 속에서 'Il faut(~해야만 한다)'로 시작되는 발화들이 연속되면서 조직이나 정당의 행동대원의 발화처럼 투쟁적인 태도 속에 진행되었던 앙드레의 발화 흐름 속에서 'J'étais content(나는 흐뭇했어요)'에서처럼 감정을 드러내는 발화는 매우 드물다. 앙드레는 이전의 발화에서부터 공정한 직무 수행을 방해하는 주요한 세력들로서 경찰이나 언론, 금 권력과 같은 외부 세력과 동료들로 대변되는 법조인 내부의 관행들을 지적해왔다. 위의 발화에서 앙드레는 주요한 두 적대 세력을 이기고 자신의 보까시옹을 구현한 사례를 보고한다. 우리는 현실 속의 앙드레가 자신의 발화에서 표현한 것처럼 사회적 약자의 권리를 옹호하고 자본이나 행정 권력들과 타협하지 않는 사람인지 확인할 수는 없다. 그는 어쩌면 주변과 조화롭지 못하고 사소한 일 역시 투쟁적인 행동가의 태도로 임해서 주변을 불편하게 하는 사람이거나 화려한 수사와 이념을 내세우지만 행동을 동반하지 않는 사람일지 모른다. 그러나 권력에 흡수되거나 고용되지 않고 자신의 신념과 양심에 따라 행동하고 말하는 사람을 지식인이라고 할 때, 적어도 그의 발화 속에서는 이름 없는 예심판사 앙드레 역시 숨은

---

208) 김주경 역(2000), 같은 책, pp. 487-488.

지식인이며 프랑스 지식인의 가치를 일상에서 구현하고 있는 사람으로 나타나고 있다. 방다에 따르면 진정한 지성인들은 "이해관계를 초월한 원칙들에 의해 움직이면서, 부패를 비난하고, 약자를 옹호하고, 불완전하고 억압적인 권위에 도전할 때에 바로 지성인 그 자신들의 모습을 갖게 되는 것"이기 때문이다.[209]

프랑스 지식인들에 대한 주제를 다룰 때 프랑스어 학습자들은 흔히 사르트르나 푸코와 같은 프랑스의 유명 지식인들에 대한 정보 전달 위주의 텍스트를 통해서 프랑스 지식인들의 간략화 된 행적을 접한다. 백과사전적 정보를 외국어 수업에서 다루는 것이 오늘날과 같은 지식 정보 사회에서 외국어 어휘나 문법 교육 이상의 의미가 있을지 의문이 아닐 수 없다. 일상에서 프랑스 지식인의 가치를 구현해내고자 하는 판사 앙드레의 발화를 통해, 학습자들은 미래의 직업인이자 지식인으로서 자신의 삶을 연루시켜가며 외국어로 된 발화를 들어볼 기회를 만날 수 있다. 살아있는 인간이 자신의 영혼을 실어 말해놓은 언어들을 통해서 외국어도, 외국 문화도 만나야 한다.

이번 장에서는 사회학자 부르디외의 기획 하에 수집된『세계의 비참』에 수록된 알제리 출신 이민 가정의 파리다의 발화와 판사 앙드레의 발화들을 통해서 개인의 발화 속에 나타나고 있는 개인적 정체성과 집단의 정체성의 문제를 분석해보았다. 위 발화들은 내용 전달을 중심으로 녹취되었으므로 의사소통의 형식상의 특성보다 내용상의 특성이 중요하게 취급되었다.

---

209) 전신욱 외 역(2011), 위의 책, pp. 36-37.

본고에 소개한 파리다와 앙드레의 프랑스어로 된 발화들은 전혀 '개인적'인 넋두리나 독백이 아니다. 프랑스 사회의 이민 2세대인 파리다의 발화는 이민자를 받아들인 다문화 사회로서의 프랑스 사회의 모습과 그 안에 존재하는 하위 공동체들, 개인의 정체성과 집단의 정체성의 갈등과 긴장을 보여준다. 특히 빈번히 인용되고 있는 타자의 발화들, 아버지와 어머니의 말들이나 주변 친척들의 말들은 형태적으로는 언어의 일반적 특성인 다성성을 명확히 보여주고 있으며 내용적으로는 프랑스 사회를 이루는 하위 집단의 정체성이 암시되고 있다. 판사 앙드레의 발화 역시 통시적으로는 직업인의 소명의식이나 프랑스의 지식인 전통에 관한 담화들과, 공시적으로는 발화자가 갈등하고 찬성하는 주변 담화들에 응답하며 구성되었다. 결론적으로 개인의 고통과 일상에서의 갈등을 보고하는 이들 발화들은 '프랑스'라는 사회 문화 공동체를 이루는 다양한 하위 집단의 발화들을 공시적으로 통시적으로 자신의 발화 안에 담고 있으며, 따라서 그들의 발화 안에는 개인의 정체성과 집단의 정체성이 함께 보고된다. 외국어 교육에서 담당해야 할 문화 교육의 측면에서도 이들의 발화 내용들에는 프랑스 사회의 가치관, 종교, 정치적 배경 등까지 포함되어 있다. 우리는 이들의 구체적 발화들을 기반으로 하여 프랑스 사회 속의 이슬람 문화권의 모습과 프랑스 지식인들의 전통과 가치관이라는 주제로 확장할 수 있을 것이다.

의사소통 능력이라는 것은 무엇보다 말하는 사람의 진짜 마음에 다가서고 귀를 기울일 수 있는 태도에서부터 시작된다. 이중으로 정체성의 갈등을 겪었던 알제리 이민자 가정의 파리다의 말이나 판사라는 직업 수행 속에서 갈등하는 앙드레의 발화들을 보면, 우리는 외국어 자격증을 위해 필수적으로 암기해야 할 어휘나 문법을 만난다는 생각을 잠시 잊고, 특정 문화의 시간과 공간적 배경 속에 실제로 살고 있는 '사람'을 만날 수 있다. 그 사람이 말하는 일상의 고통과 인생의 비탄, 슬픔을 공감하고, 그의 인생을 이끄는 가치관이나 신념에 놀라며, 개인의 발화를 넘어 유사한 정체성의 갈등을 겪는 다양한 타인들을 향해, 그들의 발화를 향해 소통할 수 있을 때, 우리는 타인의 문화를 읽을 수 있는 감수성을 가질 수 있다. 외국어 교육과 문화 교육이 만나야 하는 지점이 이 곳이며, 만나서 풍요로울 수 있는 지점이 바로 여기이다.

Ⅵ. 결론: 문화 속에서, 문화를 넘어서

6.1. 문화 속에서

'문화'라는 말은 수많은 합성어를 만들어 낸다. 어떨 때는 '배경이나 환경'과 유사한 말처럼 수용되어 '가정 문화, 학교 문화' 등의 말이 사용되기도 하고 '청소년 문화, 노인 문화'에서처럼 특정한 세대의 특성을 일컫기도 한다. 한국 문화를 '정 문화, 서열 문화, 체면 문화, 끼리끼리 문화, 빨리 빨리 문화'[210]라고 말한다면 이런 단어들은 한국인의 성향과 특성을 나타내는 말이 된다.

'문화'라는 용어가 포함하는 핵심 개념들은 '공동체, 역사성, 다른 공동체와의 차별성, 생활양식, 가치관' 등이며 '법률, 제도, 문물'에까지 확장될 수도 있다.[211] 본고에서는 이러한 '문화'의 다층성을 개인과 집단의 정체성을 표출하고 있는 개인의 구체적인 발화를 통해

---

210) 한국인의 성향들은 한국어 교재 등에서 다음과 같이 소개되기도 한다.
- 정 문화: 음식이 있으면 나눠 먹고 가족처럼 잘 챙겨 준다.
- 판 문화: 사람들이 모여서 판을 벌이고 함께 어울려 논다.
- 서열 문화: 나이가 많거나 지위가 높으면 존댓말을 쓴다.
- 체면 문화: 타인의 시선에 신경을 많이 쓰고 거기에 나를 맞춘다.
- 끼리끼리 문화: 동창회나 동호회 등 모임이 많고 어울려 다닌다.
- 빨리빨리 문화: 성격이 급해서 뭐든지 빨리빨리 하는 것을 좋아한다.
한양대학교 국제어학원 편(2014), 『한양 한국어 5』, 한양대학교 출판부, p. 56.
211) 배재원(2014), 위의 책, p. 31.

서 탐구해보고자 하였다.

특정 가족의 일원으로 태어난 이후, 특정 종교 공동체에 속하거나 무신론자로서, 특정 계급과 민족, 국가의 구성원으로 살아오면서 우리는 '문화 속의 개인'으로서 언어생활을 영위하고 정체성을 형성해 나간다. 그러나 '문화'라는 것은 공기처럼 우리 주변을 언제나 감싸고 있는 것이기에, 우리는 자신과 자신의 언어, 타인과의 상호작용과 관계의 그물망이 언제나 문화적 맥락 속에 있다는 것을 의식하지 못할 때가 있다. 출생과 더불어 주어진 문화적 환경에 대해 우리는 자기 자신에게 조차 질문을 던지지 않는다. 문화인류학자 홀은 우리가 자신이 속한 사회조직에서 소외감을 느끼거나 일상생활에서 크고 작은 좌절감을 느끼는 경우 그 원인이 '문화적 맥락'에 대한 몰이해에서 비롯된 것임을 지적한다.

미국문화에서는 그와 같은 좌절감을 각자의 철학적 성향에 의거하여 개인의 탓으로 돌리기도 하고 사회제도의 탓으로 돌리기도 한다. 그러나 그 원인이 과정 자체에 대한 우리의 이해 부족이나 제도의 구조, 또는 인격과 문화의 결합 방식의 결함에 있을지도 모른다는 데에는 거의 생각이 미치지 않는다. 그러한 좌절감은 대개 자신들이 만들어낸 제도의 비교적 명백하고 표면적인 징후를 충분히 이해하지 못하기 때문에 생기는 것이다. 인간은 생리학에 관한 지식이 없어도 살아갈 수 있고, 언어학이나 학교에서 배우는 문법지식조차 모르고도 유창하게 말할 수 있으며, 전기나 기계에 관해 벽창호일지라도 텔레비전, 전화, 자동차를 사용할 수 있다. 그와 마찬가지로 인간은 자신이 속한 문화를 기능하게 만들고 다른 문화와 구별지어

주는 기본법칙에 관해 거의 또는 전혀 무지할지라도 그 문화 속에서 성장하고 원숙해질 수 있다. 그러나 문화는 텔레비전이나 자동차보다도, 그리고 아마 어떠한 인간 생리학보다도 훨씬 복잡하다.212)

즉, 우리는 특정한 문화적 토양 속에서 태어나고 자라고 성장하면서 자신의 모국 문화의 비합리성이나 폭력성 등에 대해 비판적인 거리를 취하는 능력을 배우지 못한다. 홀에 따르면 일종의 '문화적인 차단막'에 가려져 있기 때문에 우리의 세계관은 통상적으로 자기가 속한 문화에 의해 부과된 한계를 초월하지 못한다. 사실 우리는 "문화가 부과한 프로그램에 얽매인 상태"이다.213) '문화'는 우리의 정체성을 형성하며 우리의 사고를 암묵적 또는 명시적으로 통제한다.

예를 들어 문화의 이름으로 행해지는 가장 야만적인 형태의 인권 유린인 '명예 살인'214)이나 '여성 할례'215) 등에 대해서 서구를 중심으로 한 타 문화권 사람들은 경악하지만, 정작 그러한 악습이 자행되는 지역의 여성들은 '외부자의 시선'을 갖지 못하고 자신들의 종교적 신념이나 관습, 전통을 잇는 행위로 받아들인다. 여성 할례가 이루어

212) 최효선 역(1999), 에드워드 홀 저, 『문화를 넘어서』, 한길사, pp. 159-160.
213) 최효선 역, 같은 책, p. 313.
214) '명예 살인'이란 파키스탄과 요르단과 같은 이슬람 문화권 국가에서 세습되고 있는 풍습으로 가문의 혈통과 명예를 더럽힌 자를 대상으로 가족 구성원이 살해 행위를 하는 것을 말한다. 명예 살인의 대상은 주로 여성들로서 유엔인구활동기금(UNFPA)은 전 세계에서 매년 5000여 명이 명예살인으로 희생당하고 있다고 밝혔다.
215) '여성 할례'는 여성의 섹슈얼리티를 통제하기 위해서 행해지는 여성의 성기의 일부를 절단하는 시술을 말한다. 다야(daya)라는 할례 시술자에 의해 면도칼이나 유리 조각 등으로 시술하는 과정에서 많은 여성이 질병을 얻거나 감염으로 사망하기도 한다. 대부분의 중동 국가에서는 사라져가고 있으나 소말리아 등 20여 개 국에서 아직도 여성 할례를 종교적 전통과 관습을 잇는 상징적 기제로 받아들이고 있다. 유엔은 1993년 빈 인권회의에서 여성 할례를 명백한 인권침해로 규정하였다.

지는 지역의 여성들은 할례를 받을 때의 신체적 고통과 그 이후의 염증이나 파상풍의 후유증에 시달리며 심한 경우 목숨을 잃기도 한다. 그러나 자신 역시 할례의 경험을 겪은 어머니들이 딸들에게 할례를 해주어야만 어머니로서 도리를 다하는 것이라고 믿는다고 한다. 이들은 조상의 전통이므로 여성 할례는 지켜져야 하며 자신의 딸들 역시, 공동체 내에서 떳떳한 여성으로 인정받고 행복한 삶을 살기위해서는 할례 시술을 받아야 한다고 생각한다.[216]

여성 할례나 명예 살인, 조혼 풍습이나 베일 착용과 같이 전통이나 관습이라는 이유로 행해지는 수많은 문화적 폭력이 존재한다. 문화적 폭력의 대상은 계급이나 성, 나이 등에서 사회적 약자에게 주로 향하기도 하지만 한 사회가 가진 문화적 분위기에서 자유로울 수 있는 개인은 없다. 예를 들어 한국은 '집단 문화'가 발달한 나라로 알려져 있다. 씨족 사회에서 비롯된 혈연 중심 문화가 유교 문화의 영향을 받아 혈연, 지연, 현대의 학연에 이르는 한국인의 집단 중심 문화로 발전하였다. 집단을 중시하는 한국 사회의 특성은 사회 조직 및 인간관계 측면에서 권위 의식 및 서열을 중시하는 풍토를 강화시켰다.[217] 이러한 한국 사회의 문화적 분위기는 '수직적 가치관'의 사회, 체면을 중시하는 사회, 남들 눈에 비치는 모습에 유독 민감하며, 집단 내에서의 평가에 개인의 자존감이 결정되는 등의 현상으로 나타나며, 한국 사회에 속한 한국인 개인의 삶의 질 및 의식 형성에 평생을 통해 영향을 끼친다. 한국 사회의 '집단 문화'가 특히 맞지 않은 성향의 개인일 경우, '명예 살인'이나 '여성 할례'와 같이 가시적이고 극단적

---

216) 오은경(2014), 위의 책, p. 34.
217) 국제한국학회(1998), 『한국문화와 한국인』, 사계절, pp. 92-93.

인 문화적 폭력의 사례를 겪지 않았어도 그의 심리는 위축되며 정신적 고독 속에 살아갈 수도 있다. 다음 글을 읽어보자.

어른이 되어서 비로소 깨달았다. 가정이든 학교든 직장이든 우리 사회는 기본적으로 군대를 모델로 조직되어 있다는 것을. 상명하복, 집단 우선이 강조되는 분위기 속에서 개인의 의사, 감정, 취향은 너무나 쉽게 무시되곤 했다. '개인주의'라는 말은 집단의 화합과 전진을 저해하는 배신자의 가슴에 다는 주홍글씨였다.[218]

위 글의 필자는 한국 사회를 집단 내 무한 경쟁과 서열 싸움 속에서 개인의 행복과 삶의 질이 희생되는 사회라고 진단하며 한국 사회는 '합리적 개인주의자'들이 더욱 많아져야 함을 말한다. 이와 같이 지구상의 다양한 지역, 사회에서 개개인들은 문화의 압도적인 영향력을 피할 수 없고, 평생을 통한 적응 노력을 해가며, 때로는 자신의 고통이 무엇인지도 모른 채 신음하기도 한다. 결론적으로 우리는 '문화'의 영향을 피할 수 없다. 펙이 지적하고 있는 것처럼, 우리는 '사회적 동물'로서 공동체의 구성원으로, 특정 맥락 속에 살아가기 때문이다.

우리는 마치 개개인이 고립되어 존재하는 것처럼 사적인 생활 역시 개인이 선택하는 것이라 생각할 수 있을지도 모른다. 그러나 사실 우리는 고립적으로 존재하지 않는다. 인간 존재는 사회적 동물로서 실제로 우리가 하는 모든 선택들은 우리가 참여하고 있는 다양한 조직의 영향력 아래에 있고 또 그 맥락 속에 있다. (⋯) 가장

---

218) 문유석(2015), 『개인주의자 선언』, 문학동네, pp. 24-25.

큰 규모로는 우리 사회 전체가 하나의 조직이다. 가장 작은 규모로는 우리가 맺고 있는 모든 개별적인 사회관계도 조직이다. 두 명 또는 그 이상의 사람들 사이의 관계가 있을 때는 언제나 조직이란 개념이 성립한다.[219]

　바흐친은 좀 더 극명하게 '개인'이란 개념은 의미가 없다고 지적한다. 사회와 고립되는 '개인의 정체성'이나 '개인 심리'라는 말은 실체가 없는 용어이다. 바흐친에 따르면 우리는 '사회적인 것'과 '개인적인 것'을 대립되는 개념으로 인식하는 오류를 범하는 데 '사회적인 것'에 대립되는 개념은 '자연적인 것'이다. 여기서 '자연적'이라는 것은 동식물들, 생명체들의 단위로 인식되는 범주이다.[220] 결국 '개인'이나 '개인적인 것'들, 예를 들어 '개인의 정체성'과 '개인의 심리', '개인의 의식' '개인의 언어'들과 같은 용어들 속에는 이미 사회와 집단의 의식과 언어와 정체성 및 문화적 맥락이 포함되어 있다. 결론적으로 '나'는 '나 자신'을 알기 위해, '집단' '조직' '문화 공동체'를 알아야 하며, 이러한 요인들이 내 개인의 정체성에 영향을 주는 방식을 인식하며, 나의 모국 문화와 타 문화를 일정한 거리를 유지하면서 관찰하는 것을 배워야 한다.

　외국어 교육의 틀 안에서 문화 교육의 목표가 설정되어야 하는 지점도 바로 여기이다. 자민족 중심주의, 상호 문화적 시선, 선입견 탈피 등과 같은 문화 교육의 주요 개념 역시 개인의 정체성과 집단의 정체성으로서의 문화의 영향력을 인식하는 작업과 관련이 되어 있다.

---

219) 황혜조 역(2014), 스캇 펙 저, 『그리고 저 너머에』, 율리시즈, p. 227.
220) 송기한(1988), M. 바흐찐 저, 『마르크스주의와 언어철학』, 한겨레, p. 49.

본고에서는 문화 교육을 위해 가장 효과적인 외국어 교육 자료는 목표어 화자들이 특정한 주제에 관해 말한 발화 자료들이라는 점을 강조하였다. 우리는 프랑스어로 프랑스 사회에 대해서 말하는 증언들 속에는 화자나 필자의 개인적 정체성과 집단의 정체성이 함께 표현되고 있음을 알게 되었다. 만약 언어학자들에 의해서 비언어적 신호들까지 녹취되고 기록된 말뭉치 자료들일 경우에는 의사소통의 형식들, 3장에서 기술한 목표어의 랑그적인 측면과 빠롤적인 측면이 더욱 자세히 분석될 수 있다. 한국어나 영어, 프랑스어 등 각 외국어 교육 분야 별로 다양한 의사소통 상황에서 수집되고 준언어적, 비언어적 의사소통 수단들까지 포함된 말뭉치 자료들을 구하는 것은 현실적으로 어려운 상황이더라도 본고에서 논의한 의사소통의 형식이 문화적 특성과 만나는 지점에 대한 인식이 교재나 수업 현장에서 반영되어야 한다.

6.2. 문화적 게토를 넘어서

홀에 따르면 "무의식적인 문화의 속박으로부터 점차적으로 자신을 해방시키는 일이야 말로 인간이 해낼 수 있는 가장 위대한 분리"이다.221) 그러나 문화의 이름으로 행해지는 수많은 폭력과 비합리성을 경험하면서도 우리는 '문화'의 횡포로부터 '거리'를 취하지 못한다. 그로세르에 따르면 우리 자신의 정체성은 '개인적인 기억'과 '집단적인 기억'을 바탕으로 형성된다. 가정환경과 어린 시절과 성장기의

---

221) 최효선 역(1999), 위의 책, p. 341.

시공간적 맥락이라는 포괄적인 의미에서의 문화의 영향은 우리에게 '개인적인 기억'과 '집단적인 기억'의 핵심을 이루고 있기 때문에 자신이 자라온 문화를 부정하는 것은 자신의 '정체성'을 부정하는 고통스러운 과정을 동반한다. 그러나 그로세르는 "교육은 그 정체성으로부터 거리를 두는 법을 가르쳐야" 하며 "자기 자신을 향한 질문의 시선이 없다면 타인들에 대한 이해는 불가능"함을 지적한다.[222] 결국, 자신의 모국 문화에 대해서 거리를 취하고 관찰하며 타 문화와 교차해볼 수 있는 능력은 타인과 타 문화와 소통하기 위해 반드시 필요하다.

우리가 인도에 도착한 다음 날부터 마지막 날까지 하나의 미스터리였던 것은 아침 식사를 할 때였다. 어떤 웨이터가 식당 바닥에 크림을 쏟았다. 그는 그것을 치우는 대신 사라졌다. 다른 웨이터들, 수석 웨이터들 그리고 매니저들도 지나다녔지만, 그들은 쏟아진 크림을 그저 쳐다보고는 밟고 지나가서 온 식당 바닥을 크림 자국으로 뒤덮이게 만들었다. 우리는 인도의 불결함의 기원을 보고 있었다. 왜 그랬을까? 바로 그 순간 우리에게 그에 대한 답이 떠올랐다. 크림을 치우는 것은 웨이터나 그 자리에 있었던 누구도 해야 할 일이 아니었다. 그것은 미천한 계급인 청소부의 일이었다. 청소부는 그날 오후까지 비번이라 출근하지 않았다. 이 일을 통해 우리가 깨달은 것은 사실상 모든 비효율성의 근원은 카스트 제도의 결과였다는 사실이었다. 이 제도는 추정컨대 불법인 것 같지만 사실 모든 인도 사람들의 생활을 지배할 정도로 인도 문화 속에 깊숙이 뿌리내리고

---

222) 심재중 역(2002), 위의 책, p. 103.

있었다. 문화 상대주의는 카스트 제도 자체는 본질적으로 문제가 없다고 말할 것이다. 그러나 나는 동의하지 않는다. 내 생각으로는 카스트 제도는 그 자체가 무례함을 내포하고 있을 뿐 아니라, 엄청난 비효율성과 전체 사회를 퇴보시킨다는 점에서 심각한 문화적 결함을 가지고 있는 것이다.[223]

위 글에서도 나타난 것처럼, '문화'는 어떤 경우에는 해당 구성원들의 '눈과 귀'를 멀게 하며, 크고 작은 비합리성과 잠재적이며 가시적인 폭력의 근원이 되기도 한다. 우리가 조금만 거리를 취하는 법을 알게 된다면, 나의 모국 문화와 목표 문화, 미래에 내가 경험하게 될 수많은 공동체에서 '문화'의 이름으로 행해지는 속박과 폭력, 비효율성의 사례들을 목격할 수 있다. '문화'에 대해서 떠도는 담론들은 개인에게 문화의 속성을 오해하게 만든다. 예를 들어 '문화'와 개인의 '문화적 정체성'은 자연적으로 주어진 것이 아니고 교육과 성장 과정 속에서 지속적으로 구성되어가는 것인데 반해, 우리는 흔히 개인은 문화 안에서 태어나며, 한 가지 문화에 귀속되어 성장하며, 한 가지 문화적 정체성을 갖는 것으로 간주한다. 그러나 문화는 "개인과 집단의 접촉에 힘입어 끊임없이 변천하고 변화"하는 것이며, 개인의 문화적 정체성 역시 시간의 흐름에 따라 변화를 겪고 한 집단에 평생토록 고정되어 있는 것이 아니다.[224] 교육은 이와 같은 고정된 생각, 고정된 정체성에 대해서 인식하게 만드는 작업과 연결될 수 있다. 목표어로 된 실제 발화들을 분석해보면서 외국어 교육과 문화 교육이 결합

---

223) 황혜조 역(2011), 스캇 펙 저, 『그리고 저 너머에』, 율리시즈, p. 273.
224) 심재중 역(2002), 위의 책, pp. 112-113.

할 때, 문화와 개인과 집단의 문화적 정체성이 갖는 복합적이고 다차원적인 특성을 외국어 학습과 병행할 수 있는 의미있는 과정이 될 수 있을 것이라 생각한다.

우리는 이 책을 통하여 외국어 교육과 문화 교육이 만날 수 있는 지점을 탐색하면서, 외국어를 배우고, 외국 문화를 배우는 과정이 결국에는 타자와 소통하는 법을 배우는 것이라는 점을 말하고자 하였다. 앞 서 말한 바와 같이 모국어와 모국 문화 속에서만 살아갈 때 우리는 '자기 자신을 향한 질문의 시선'을 갖지 못한다. 자기 자신을 향해서 질문하지 않을 때 타인들에 대한 이해는 불가능하며, 진정한 의미에서 '내적인 자유' 역시 불가능하다. 그로세르에 따르면 교육은 개인이 가진 정체성으로부터 '거리를 두는 법'을 가르쳐야 하며, 교육자는 학생들로 하여금 '자신과 자신의 소속에 대한 비판적인 시각'을 가르침으로써 학생들이 내적인 자유를 계발시켜 주어야 할 책임이 있다.225) 이런 맥락에서 외국어와 외국 문화의 교수/학습은 개인을 둘러싼 문화적 정체성이란 무엇인가를 질문하면서 타자와의 소통을 위해 필요한 항목들에 대해 성찰해볼 수 있는 과정이 되어야 한다.

비에리에 따르면 우리가 "자신에게 주어진 문화의 문법에 대해 말하는 법을 배우고 그것을 더 큰 문맥에서 이해하고 나면 그 문화가 복수의 가능성 가운데 하나임을 알게"되고 문화적 정체성은 고정되거나 최종적인 것이 아니라는 것을 인식하게 된다.226) 이와 같이 타 문화에 대한 이해는 반드시 모국 문화에 대한 통찰로 이어진다. 결론적으로 외국어 교육은 타 문화 수용의 태도, 자국 문화에 대한

---

225) 심재중 역(2002), 같은 책, p. 103.
226) 문항심 역(2011), 페터 비에리 저, 『자기결정』, 은행나무, p. 97.

거리두기, 언어 사용 속에 스며들어 있는 일상 문화에 대한 민감성을 키우는 과정이다. 이러한 교수/학습 과정은 기술적 차원의 언어 능력이 아닌 사람과 사람이 진정으로 만날 수 있도록 하는 '소통 교육'이란 큰 틀에서 논의되어야 한다. 이 책의 제목이 '외국어와 문화의 소통 교육'이 된 것은 이와 같은 이유에서이다.

한국사회는 점점 외국인 노동자들과 다문화 가정도 많아지고 세대 간, 계급 간의의 소통은 점점 불통으로 이어지는 현실적 어려움에 처해 있기 때문에 더욱 외국어 교육을 통하여 한국인들이 타인과 대화하고 타인의 문화를 접한다는 것의 의미를 성찰할 기회를 만나야 한다. 또한 외국어 교수법의 역사를 통하여 외국어 교육학자들과 현장의 교수자들이 고민해온 '문화상대주의',227) '상호문화적 태도'228) '고정관념 탈피'229) '자민족 중심주의'230)에 대한 논의들 역시 한국 사회 내에서 좀 더 확산될 필요가 있다.

---

227) 문화상대주의(relativisme culturelle)란 다양한 문화를 측정하는 보편적인 기준이란 없으며 모든 문화는 동등하게 타당하고 오직 그 자체의 입장에서 이해되어야 한다는 입장을 말한다.

228) '상호문화(interculturel)'는 "상호교류의 관계 속에서, 그리고 관련된 사람들의 문화적 정체성의 존중이라는 관점 속에서 문화들의 상호작용에 의해 이루어진 일련의-심리적, 관계적, 집단적, 제도적-과정들"이며, "상이한 문화를 가진 개인들을 통한 문화들 간의 대화와 관계"를 의미한다. 장한업 역(2013), 위의 책, p. 61.

229) '고정관념(stéréotype)'은 '우리 머릿속의 인상'으로 정보의 상투화(cliché)에 해당한다. 고정관념은 현실을 만들어진 범주에 따라 이해하도록 해주며 우리의 행동을 이 범주에 따라 조절해주기도 한다. 장한업 역(2013), 위의 책, p. 113.

230) 자민족 중심주의(ethnocentrisme)란 "타 문화를 자기 자신의 문화적 가치를 사용하여 측정하고 판단하는 행위"이며 "자기 자신의 문화가 본질적으로 우월하다는 믿음"을 말한다. 한병구&임봉길 역, 위의 책, p. 162.

6.3. 외국어와 문화의 소통 능력

이 책은 무엇보다 새로운 외국어와 외국 문화를 배우면서 학습자 개인의 어학 실력이나 외국어 공인 자격증만 늘리는 게 아니라 그들의 삶에 변화가 있기를 바라는 마음으로부터 출발하였다. 학회에 참석하거나 연구 논문들을 읽을 때마다 이상스레 나는 학문의 엄정함에 감화받기보다는 언어학 연구들과 언어 교육 연구들이 점점 우리 학생들의 삶과는 관련 없는 방향으로 흐른다는 우울한 생각이 들었다. 각 학문 분야의 논리와 방법론들은 더욱 체계화하고 진화하고 있음에도 불구하고, '과학성'을 인정받기 위해서 교육자로서 우리는 감히 점점 더 중요한 것들을 잃어가고 있지 않은가 하는 우려는 차라리 깊은 '슬픔'이었다.

학문적 용어로서가 아닌, 이 책의 주제는 '자기 비움을 통한 소통, 타자와의 만남', 이를 위한 교육적 성찰에 관한 것이다. 성인이 되어 낯선 언어와 외국 문화를 배우는 경험 속에서 우리는 아주 드물게 자기 자신의 언어와 문화를 거리를 두고 바라볼 수 있는 순간을 만난다. 한 마디로 나의 언어와 문화로, 자아로 꽉 차지 않는 일종의 빈 마음, 겸손하고 불확실한 마음속에서 머무는 순간이다. 나는 이러한 마음들이 모국어든 외국어이든 간에 진정한 소통 능력을 가지기 위한 첫 단계의 마음가짐이라고 믿는다. '자기 비움'의 마음과 태도, 그 위에다 새로운 언어의 소리와 문법과 문화를 쌓아 가면 되는 것이다. 성과와 효율, 경쟁을 강조하는 한국 사회 속에서 우리는 외국어를 '기술'과 '자격증'으로 가르치고 배우면서, 외국어를 배우면서 경험할 수 있는 더욱 소중한 가치와 풍요로운 의미들을 잃어간다.

오늘날 외국어를 배우는 이유로는 직장이나 사업, 체면, 돈 같은 것들에 있어서의 이로움이 전면에 부각되고 있습니다. 외국어는 곧 외국 시장을 의미한다는 것이죠. 그러나 실은 그렇게 단순하지 않아요. 우리는 언어의 낯섦에서 다른 정신의 낯섦을 배울 수 있습니다. 우리의 범주와는 다른 범주, 행위와 관습을 서술하는 다른 방식, 자신과 타인의 경험을 언어화하는 다른 방식이 존재함을 보고 이를 이해하는 법을 배우는 것입니다. 여기서 더욱 중요한 것이 있습니다. 다른 삶의 운율을 알게 된다는 것이지요. 언어를 바꾸면 삶은 다른 소리와 맛을 냅니다. 하나의 경험이 주는 분위기와 필체와 속도가 달라지지요. 세상 안에서 존재한다는 것이 다르게 느껴지는 것입니다.

사고의 또 다른 카테고리와 삶의 다른 멜로디를 새롭게 배우는 것은 사람의 교양에 있어 매우 중요한 의미에서의 결정적인 깨달음을 선사해줍니다. 모국어의 습득을 통해 내 것이 되었던 언어적 정체성과 사고의 정체성은 이제 필수불가결한 것이 아님을 알게 됩니다.231)

결론적으로 하나의 외국어를 배우는 경험은 자기를 비우면서 타자를 향해 열리는 마음이고, 외국어와 문화를 배운 '나'는 나의 모국어로 소통할 때조차 더 열리고 관대하며, 타인의 속마음을 읽고 들을 수 있는 귀를 가진 사람으로 변화한다는 신념. 그 신념 속에서 나는 외국어를 가르치고 글을 쓴다. '예전과는 다른 삶'으로 인도하는 교육, 지쳐있는 청년들의 가슴에 작은 불꽃을 피우는 배움과 가르침에

---

231) 문항심 역(2011), 위의 책, p. 78.

대한 이상은 도무지 사라지지가 않은 채, 아무 힘도 능력도 없는 내 자리에서, 더욱 뜨겁게 꿈꾼다. 기도한다.

이런 마음으로 또 하나의 부족한 글을 세상에 내 놓는다.

주요 참고 문헌

• **국내 서적**

강승혜 외(2010), 『한국 문화 교육론』, 형설 출판사.

김길중 역(2003), 페이터 리트베르헨 저, 『유럽 문화사 상』, 지와 사랑.

김성도(1998), 『현대 기호학 강의』, 민음사.

김순천 외(2006), 『부서진 미래』, 삶 창.

김은정(2008), 『어휘를 통한 프랑스 문화 교육』, 서울대학교 교육학 석사 논문.

김욱동(1988), 『대화적 상상력: 바흐친의 문학 이론』, 문학과 지성사.

김욱동(1990), 『바흐친과 대화주의』, 나남.

김주경 역(2000), 피에르 부르디외 편, 『세계의 비참 Ⅰ』, 동문선.

김주경 역(2002), 피에르 부르디외 편, 『세계의 비참 Ⅲ』, 동문선.

김한란 외 역(2010), 유럽 평의회 편, 『언어 학습, 교수, 평가를 위한 유럽공통참조기준』, 한국문화사.

김형엽(2001), 『인간과 언어』, 한울 아카데미.

고성 가르멜 여자수도원 역(2001), 프랑스 뒤 게랑 엮음, 모리스 젱델 저, 『침묵에 귀를 기울이며』, 성바오로.

노서경(2012), 『지식인이란 누구인가-프랑스 지식인들의 상상력과 도전-』, 책세상.

민석홍&나종일(2005), 『서양문화사』, 서울대학교 출판부.

문경자 역(1997), 존 스토리 저, 『부르디외 사회학 입문』, 동문선.

문항심 역(2011), 페터 비에리 저, 『자기결정』, 은행나무.

박만준 역(2006), 존 스토리 저, 『대중문화와 문화이론』, 경문사.

박영순(2006), 『외국어로서의 한국어 교육론』, 월인.

박태호(2000), 『장르 중심 작문 교수 학습론: 심리학 수사학 언어학의 만남』, 박이정.

배재원(2014), 『한국어 교육에서의 한국문화 교육』, 혜안.

서울대 국어교육 연구소 편(1999), 『국어 교육학 사전』, 대교출판.

서울대학교 불어문화권 연구소(2014), 『프랑스, 하나 그리고 여섯』, 강.

심영택 외 역(2002), H.H. 스턴 저, 『언어 교수의 기본 개념』, 서울대학교 국어교육 연구소.

심재중 역(2002), 알프레드 그로세르 저, 『현대인의 정체성』, 한울.

송기한 역(1988), 미하일 바흐찐 저, 『마르크스주의와 언어철학』, 한겨레.

여홍상 엮음(1995), 『바흐친과 문화 이론』, 문학과 지성사.

이기동 외 역(2000), 피터 파브 저, 『말의 모습과 쓰임』, 한국 문화사.

이기문 감수(1994), 『새 국어사전』, 동아출판사.

이근님 외(2015), 『프랑스어 교육학』, 신아사.

이영아 역(2002), 지아우딘 사르다르 저, 『문화 연구』, 김영사.

이원표(2001), 『담화분석: 방법론과 화용 및 사회언어학적 실례』, 한국 문화사.

이원표 역(2004), 노먼 페어클럽 저, 『대중매체 담화 분석』, 한국 문화사.

이정 외(1993), 『현대 불란서 언어학의 방법과 실제』, 연세대학교 출판부.

이진우 역(2000), 존 헨리 뉴만 저, 『대학의 이념』, 계명대학교 출판부.

이종인 역(2015), 노엄 촘스키&미셸 푸코 저, 『촘스키와 푸코, 인간의 본성을 말하다』, 시대의 창.

오선영(2014), 「학습자 코퍼스 연구의 최근 동향」, 『현대 영어교육학 연구의 지평』, 서울대학교 출판부.

오은경(2014), 『베일 속의 여성 그리고 이슬람』, 시대의 창.

윤여탁(2013), 『문화교육이란 무엇인가』, 태학사.

윤진 역(2002), 마르코 마르티니엘로 저, 『현대사회와 다문화주의』, 한울.

장신재(1996), 『영어를 어떻게 배우고 가르칠 것인가: 제 2 언어학습과 교육』, 신아사.

장한업 역(2013), 제니페르 케르질&즈느비에브 벵소노, 『상호문화: 학교의 원칙과 현실』, 교육과학사.

전병만 외 역(2008), 잭 리처드 저, 『외국어 교육 접근 방법과 교수법』, Cambridge.

전신욱 외 역(2011), 에드워드 W. 사이드 저, 『권력과 지성인』, 창.

정우향(2011), 『바흐친의 대화주의와 외국어 읽기 교육』, 박이정.

정우향(2013), 『소통의 외로움』, 한국 문화사.

정우향(2015), 『너와의 시간, 당신과의 시간』, 엘도론.

정우향(2015), 『한국의 외국어 교육 담론과 인문학』, 아시아 문화 연구 40집, 가천대학교 아시아 문화 연구소.

정재찬(2004), 『문학 교육의 현상과 인식』, 도서 출판 역락.

조명원 &이흥수(2004), 『영어 교육 사전』, 피어슨 에듀케이션 코리아.

조홍식(2000), 『똑같은 것은 싫다』, 창작과 비평사.

채수일 외 역(1993), 도로테 죌레 저, 『고난』, 한국 신학 연구소.

최양호 외 역(2012), 마크 냅&주디스 홀 저, 『비언어 커뮤니케이션』, 커뮤니케이션 북스.

최준식(1997), 『한국인에게 문화는 있는가』, 사계절.

최효선 역(2000), 에드워드 홀 저, 『문화를 넘어서』, 한길사.

최현무 역(1986), 미하일 바흐찐 저, 『바흐찐, 문학사회학과 대화이론』, 도서출판 까치.

한국사회언어학회(2012), 『사회언어학 사전』, 소통.

한경구&임봉길 역(2006), 가바리노 원저 저, 『문화인류학의 역사』, 일
    조각.
한양대학교 국제어학원 편(2014), 『한양 한국어 5』, 한양대학교 출판부.
허발 역(1993), 레오 바이스게르버 저, 『모국어와 정신형성』, 문예출판사.
허유진 역(2012), 윌리엄 A. 반스 저, 『영어 스피킹 기적의 7법칙』, 로그인.
홍성민(2014), 『문화와 아비투스』, 나남출판.
홍종화(1993), 「뒤크로의 논증, 발화, 다성 이론」, 『현대 불란서 언어학
    의 방법과 실제』, 연세대학교 출판부.
홍재성 외(1995), 『불어학 개론』, 한국방송통신대학 출판부.
황적륜 편(2000), 『현대 영어 교육의 이해와 전망』, 서울대학교 출판부.
황혜조 역(2011), 스캇 펙 저, 『그리고 저 너머에』, 율리시즈.

• 외국 서적

Abdallah-Pretceille, M.(1999) *L'Education interculturelle*, PUF.

Austin, J. L.(1970) *Quand dire, c'est faire*, Édition du Seuil.

Authier-Revuz, J.(1995) *Ces mots qui ne vont pas de soi: Boucles
    réflexives et non coïncidences du dire*, Larousse, 2vol.

Bachman, C et al.(1991) *Langage et communications sociales*,
    Hatier-Didier.

Bakhtine, M.(1977) *Le marxisme et la philosophie du langage*, Les
    Éditons de Minuit.

Bakhtine, M.(1984) *Esthétique de la création verbale*, Gallimard.

Bally, C.(1950) *Linguistique générale et linguistique française*, Berne:
    A. Francke.

Bally, C. et Sechehaye, A.(1975) *Cours de linguistique générale*, Payot.

Beacco, J. C.(2000) *Les dimensions culturelles des enseignements de langue*, Hachette.

Besse, H.(1993) ≪Cultiver une identité plurielle≫, *F.D.M/N°254*, pp. 42-47.

Besse, H.(1995) *Méthodes et Pratiques des manuels de langue*, Crédif.

Besse, H. et Porquier, R.(1991) *Grammaires et didactique des langues*, Hatier/Didier.

Bourdieu, P.(1993) *La misère du monde*, Éditions du Seuil.

Boutet, J.(1994) *Construire le sens*, Peter Lang.

Boutet, J. et al.(1995) *Paroles au travail*, Harmattan.

Boyer, H.(1991) *Éléments de sociolinguistique: langue, communication et société*, Dunod.

Boyer, H. et al.(1989) *Nouvelle introducion à la didactique du français langue étrangère*, CLE international.

Brès, J et al.(1999) *L'autre en discours*, Montpellier et Rouen, Praxiling/ Dyalang.

Brès, J et al.(2005) *Dialogisme et polyphonie*, Duculot.

Brown, D. H.(2000) *Principles of language learning and teaching*, Forth Edition, white plans, NY: Person Education.

Byriam, M.(1992) *Culture et éducation en langue étrangère*, Hachette/Didier.

Charaudeau, P et Maingueneau, D.(2002) *Dictionnaire d'analyse du discours*, Les éditions du Seuil.

Cook. G.(1989) *Discourse*, Oxford university press.

Cunha, D. A.(1992) *Discours rapporté et circulation de la parole*, Peeters.

Cuq, J. P.(2003) *Dictionnaire didactique du français: Langue étrangère et seconde*, Paris: CLE international.

Cyr, P.(1998) *Les stratégies d'apprentissage*, CLE international.

De Carlo, M.(1998) *L'interculturel*, CLE international.

Defays, J. M.(2003) *Le français langue étrangère et seconde*, Mardaga.

Ducrot, O.(1984) *Le dire et le dit*, Les éditions de Minuit.

Dufays, J.(2000) ≪Lire, c'est aussi évaluer, Autopsie des modes de jugement à l'œuvre dans diverses situations de lecture≫, *ELA N°119*, pp. 277-290.

Fichou, J. P.(1979) *Enseigner les civilisations*, Paris: PUF.

François, F.(1990) *La communication inégale: Heurs et malheurs de l'interaction verbal*, Delachaux et Niéstlé.

François, F.(1994) *Morale et mise en mots*, L'Harmattan.

François, F.(1998) *Le discours et ses entours*, L'Harmattan.

Freedman, A. et Medway, P.(1994) *Genre and the new rhetoric*, Taylor& Francis.

Freeman, D. L.(1986) *Teaching and principles in laguage teaching*, Oxford university press.

Galisson, R. et Coste, D.(1976) *Dictionnaire de didactique des langues*, Hachette.

Galisson, R.(1980) *D'hier à aujourd'hui la didactique générale des langues étrangères*, CLE international.

Galisson, R.(1991) *De la langue à la culture par les mots*, CLE international.

Gaonac'h, D.(1991) *Théorie d'apprentissage et acquisition d'une langue étrangère*, Hatier-Crédif.

Germain, C.(1993) *Évolution de l'enseignement des langues: 5000 ans d'histoire*, CLE international.

Girard, D.(1972) *Linguistique appliquée et didactique des langues*, Armand Colin.

Goffman, E.(1974) *Les rites d'interaction*, Les éditions de Minuit.

Goffman, E.(1981) *Façon de parler*, Les éditions de Minuit.

Grand-Clement, O.(2007) *Civilisation en dialogues: Niveau débutant*, CLE international,

Gumperz, J.(1982) *Discourse strategies*, Cambridge University Press.

Gumperz, J.(1989) *Engager la conversation*, Les éditions de Minuit.

Hall, E. T.(1971) *La dimension cachée*, Le seuil.

Hymes, D.(1984) *Vers la compétence de communication*, Hatier.

Jakobson, R.(1963) *Essais de linguistique générale*, Les éditions de Minuit.

Kerbrat-Orecchioni, C.(1986) *L'implicite*, Armand Colin.

Kerbrat-Orecchioni, C.(1990) *L'interaction verbales*, Armand Colin.

Kramsch, C.(1993) *Context and culture in language teaching*, Oxford: Oxford University press.

Kristeva, J.(1969) *Séméiotikè: Recherche pour une sémanalyse*, Seuil.

Maingueneau, D.(1976) *Initiation aux méthodes de l'analyse du discours*, Hachette.

Maingueneau, D.(1981) *Approche de l'énonciation en liguistique française*, Hachette.

Maingueneau, D.(1986) *Éléments de linguistique pour le texte littéraire*, Bordas.

Maingueneau, D.(1991) *l'Analyse du discours*, Hachette.

Maingueneau, D.(1994) *L'énonciation en liguistique française*, Hachette Supérieur.

Maingueneau, D.(1996) *Les termes clé de l'analyse du discours*, Seuil.

Maingueneau, D.(2002) *Analyser les textes de communication*, Nathan.

Moirand, S.(1979) *Situations d'écrit*, CLE international.

Moran, P.(2001) *Teaching Culture: Perspecives in practice*, Heinle.

Morris, C. W.(1938) *Foundations of the Theory of Signs*, Chicago, Chicago University Press.

Nuchèze de, V et Colletta, J. M(éds).(2002) *Guide terminologique pour l'analyse des discours: Lexique des approches pragmatiques du langage*, Peter Lang.

Pauzet, A. et Coubard, F.(2002) *Habitude culturelles d'apprentissage dans la classe français langue étrangère*, L'Harmattan.

Pendanx, M.(1998) *Les activités d'apprentissage en classe de langue*, Hachette.

Peytard, J.(1995) *Mikhail Bakhtine: dialogisme et analyse du discours*, Paris Bertrand-Lacoste.

Peytard, J. et Moirand, S.(1992) *Discours et enseignement du français*, Hachette.

Porcher, L.(1986) *La civilisation*, CLE international.

Puren, C.(1988) *Histoire des méthodologies de l'enseignement des langues*, CLE international.

Puren, C.(1994) *La didactique des langues étrangères à la croisée des méthodes*, Didier

Rey-Debove, J.(1985) *Le Robert méthodique*, Larousse

Salazar Orvig, A.(1999) *Les mouvements du discours*, L'Harmattan.

Salins, G. D.(1988) *Une approche ethnographique de la communication: rencontres en milieu parisien*, Hatier/Didier.

Schiffrin, D.(1987) *Discourse Markers*, Cambridge, Cambridge University Press.

Schiffrin, D.(1994) *Approches to discourse*, Oxford: Blackwell.

Seelye, H. Ned.(1996) *Experiential Activities for intercultural learning*, Intercultural press.

Todorov, T.(1978) *Les genres du discours*, Seuil.

Todorov, T.(1981) *Mikhaïl Bakhtine: le principe dialogique*, Éditions du Seuil.

Vion, R.(1992) *La commucation verbale*, Hachette supérieur.

Widdowson, H. G.(1981) *Une approche communicative de l'enseignement des langues*, Hatier-crédif.

Winkin, Y.(1981) *La nouvelle communication*, Paris, Le Seuil.

Zarate, G.(1986) *Enseigner une culture étrangère*. Hachette.